Skorpion

Über dieses Buch

Alles über Ihr ›Sternzeichen‹, auf einen Blick! Kurz, klar und übersichtlich – alles, was man über den Skorpion weiß und wissen sollte. Mit Tabellen zur einfachen Bestimmung Ihres Aszendenten und Ihres Mondzeichens.

Über die Autorin

Sabine Heideweg, Psychologin und Astrologin, lebt in der Nähe von Lübeck. Sie ist Autorin mehrerer erfolgreicher Handbücher zur Sonnen- und Mondkraft.

Sabine Heideweg

Skorpion

Alles über Ihr ›Sternzeichen‹
Mit Mondzeichen
und Aszendent

KÖNIGSFURT-URANIA

Bibliographische Information der Deutschen Nationalbibliothek
Die Deutsche Nationalbibliothek verzeichnet diese Publikation in der Deutschen Nationalbibliographie; detaillierte bibliographische Daten sind im Internet über http://dnb.d-nb.de abrufbar.

Sonderausgabe
Krummwisch bei Kiel 2013

D-24796 Krummwisch
www.koenigsfurt-urania.com
www.tarotworld.com

Umschlaggestaltung: Conny Eisfeld / Hermann Betken, Oldenbüttel, unter Verwendung der folgenden Motive: grunge zodiac - Scorpio © Kess – Fotolia.com; grunge background © Kess – Fotolia.com; Vollmond gelb © Tristan3D – Fotolia.com

Lektorat: Susanne Peymann, Berlin
Korrektur: Helga Eichner, München, und Susanne Schöfer, Oberdiebach
Satz und Layout: Stefan Hose, Götheby-Holm
Druck und Bindung: Aalexx Buchproduktion, Großburgwedel
Printed in EU

ISBN 978-3-86826-358-9

Inhalt

Zum Geleit

Wie die Einteilung der Welt in vier Himmelsrichtungen oder die Vorstellung von den vier Temperamenten, so gehört auch der Tierkreis mit seinen 12 Zeichen zu den alten Überlieferungen der abendländischen Tradition.

Auch die moderne Psychologie hat die Beschäftigung mit den 12 Tierkreiszeichen nicht überflüssig gemacht.

Eine Beschreibung menschlicher Charaktere und psychologischer Typen kommt ohne die Kenntnis der vier *Elemente* Feuer, Wasser, Luft und Erde und der aus Ihnen entwickelten 12 Tierkreiszeichen nicht aus. »Wenn ich weiß, dass jemand zum Beispiel im Zeichen des Stiers oder des Skorpions geboren oder sonstwie geprägt ist, kann ich dessen Verhalten zwar nicht im einzelnen vorhersagen, aber in jedem Fall besser verstehen. Das Tierkreiszeichen zu erfahren, ist, wie einen Menschen zu *sehen,* von dem man bisher nur die Stimme kannte. Nicht das Tierkreiszeichen bestimmt den Menschen, sondern die Menschen in ihrer Summe prägen, was ›typisch‹ für ein Tierkreiszeichen ist« (Susanne Peymann, Psychologin).

Astrologische Definition der Tierkreiszeichen

Widder:	Ich bin
Stier:	Ich habe
Zwillinge:	Ich denke
Krebs:	Ich fühle
Löwe:	Ich will
Jungfrau:	Ich analysiere
Waage:	Ich gleiche aus
Skorpion:	Ich begehre
Schütze:	Ich sehe
Steinbock:	Ich nutze
Wassermann:	Ich weiß
Fische:	Ich glaube

Einführung

An wen richtet sich dieses Buch? Zunächst an alle »Skorpione« (das sind die zwischen dem 23. Oktober und dem 21. November Geborenen sowie all die – unabhängig vom Geburtstag –, deren *Mond* im Skorpion steht). Ferner richtet sich dieses Buch an alle, die direkt mit Skorpion-Frauen oder -Männern zu tun haben. Darüber hinaus sind jedoch alle betroffen: jede und jeder hat einen gewissen Anteil *Skorpion* in sich. So kann die Beschäftigung mit diesem wie mit allen Tierkreiszeichen dazu dienen, eigenes und fremdes Verhalten besser verstehen zu lernen.

Der Skorpion als Kraft in uns allen

Dieses Buch richtet sich an Laien wie an Profis, an Einsteiger wie an Fortgeschrittene. In kurzen, knappen Zügen soll das Wesentliche dieses Tierkreiszeichens herausgestellt werden. Eine weitergehende oder allgemeine Einführung in die Astrologie ist hier ebenso wenig bezweckt wie eine Einführung in die Horoskopdeutung.

Auf Seite 28 finden Sie praktische Tips für alle Skorpione ... und für den richtigen Umgang mit ihnen! Sehr praktisch sind auch die Erklärungen der Kombinationen: Alle 12 möglichen Aszendenten und alle 12 Mondzeichen werden in Verbindung mit dem Skorpion dargestellt. Wenn Sie Ihren Aszendenten oder Ihr Mondzeichen noch nicht kennen, so finden Sie im Anhang (ab Seite 79) Tabellen, aus denen Sie dies entnehmen können, ohne ein komplettes Horoskop zu erstellen!

Willkommen in der Skorpion-Welt

Was haben Demi Moore und Whoopi Goldberg gemeinsam, was verbindet Friedrich Schiller und André Gide, Alain Delon und Leonardo DiCaprio ? Sie sind bzw. waren *Skorpion!* Damit ist zunächst gemeint, dass ihr Geburtstag jeweils in die Zeit des Skorpions (23.10. - 21.11.) fällt.

Dabei ist die Spannbreite dessen, was ein Skorpion sein kann, so groß wie bei jedem Tierkreiszeichen. Oder vielleicht ist hier die mögliche Bandbreite sogar noch ein wenig größer als bei anderen. Denn der Skorpion ist *das* Zeichen der Extreme. Alle nur erdenklichen Grenzbereiche des menschlichen Daseins können typisch für ihn sein. Besonders schön, besonders schlimm, extrem lieb, außerordentlich böse - das mögliche Spektrum ist riesig und vermittelt in seiner ganzen Ausdehnung erst einen Eindruck davon, was und wie *Skorpione* sind und sein können.

Zwischen Halloween und Allerheiligen

Skorpion ist das Zeichen der Herbstmitte. In diese Zeit fallen Halloween, der Reformationstag, Allerseelen, Allerheiligen, der Totensonntag wie auch der Volkstrauertag. Und zugleich wird am 11.11. bereits der Beginn der Fastnachtszeit gefeiert. Die Symbolik des Skorpions vereinigt in sich Tod und Totengedenken mit Fastnacht/Karneval und ursprünglicher, aufkeimender Lebensfreude. »Stirb und werde« so lautet seit Urzeiten das Skorpionprinzip. »Und so lang du das nicht hast, / Dieses: stirb und werde! / Bist du nur ein trüber Gast / Auf der dunklen Erde« (J.W.v. Goethe).

Der Skorpion ist ein Wasserzeichen. *Es soll und darf fließen!* Auf den »Flow« kommt es an! Hier geht es um Gefühle und Bedürfnisse, um Verlangen und innere Widerstände.

Skorpione verfügen über Motivationskraft, psychische Stärke und sehr starke emotionale Antriebe. Ihr Leben besteht häufig in einem unablässigen Kampf. Aber das ist nur der äußere Anschein. Das Begehren steht im Mittelpunkt und damit auch die Sexualität. Skorpione sind leidenschaftliche Liebespartner. Gerät diese Liebesglut außer Kontrolle, kann dies zu zerstörerischen und selbstzerstörerischen Konsequenzen führen. Im schlimmsten Falle ist der Skorpion tatsächlich vernichtet. Im positiven Fall ist sein zerstörerisches Wirken aber nur Teil eines Wandlungsprozesses nach dem Modell *Phönix aus der Asche*. Die Wandlung und die Wiedergeburt sind dabei das Entscheidende.

Kraft zur Wandlung

Grundlegende Umwandlungsprozesse gehören zu den Charakteristika dieses Zeichens. Es gibt keine große oder kleine Wandlung im Leben, die wir erreichen, *ohne* unsere Skorpion-Kräfte dafür zu aktivieren.

Skorpion ist das *fixe oder feste* Zeichen des Wasserelementes. Die Gefühle sind hier so *verdichtet*, daß sie sich als Begehren und Verlangen kristallisieren. Daraus ergibt sich die enorme Chance, genau zu wissen bzw. zu fühlen, was man will und was man tut. Die Gefahr, die hier droht, ist die der Fixierung.

Man fixiert sich auf bestimmte Gefühle, auf bestimmte Wünsche oder Ängste. So kommt es, dass es den Skorpionen mitunter unsäglich schwer wird, bestimmte Dinge loszulassen. Skorpione setzen in der Regel alle zur Verfügung stehenden Energien ein. Sie leben und arbeiten sehr intensiv, alles, was sie tun und erleben, wirkt auf sie sehr intensiv. Diese Intensität mischt sich mitunter auch mit Misstrauen gegenüber anderen. Andere würden sich nicht so intensiv in bestimmte Aufgaben »hineinknien«. So kommt es, dass Skorpione mitunter Schwierigkeiten haben, Aufgaben zu delegieren und viel zu lange alles bis ins kleinste Detail selbst kontrollieren.

Stehvermögen

Wichtig ist dabei nur, dass die Skorpione ein Delegieren und Loslassen nicht als persönliche Niederlage oder Schwäche erleben. Auf der anderen Seite werden sie die neu gewonnene Freiheit und Freizeit genießen, und daraus neue Kräfte für ihre großen Lebensziele gewinnen. Genauso wichtig ist es aber auch, dass Skorpione sich vor Hochmut und Überheblichkeit schützen. Auch wenn sie sich intensiver auseinandersetzen und dadurch andere übertrumpfen können, so mag das zwar zu ihrem Vorteil sein, aber es darf nicht den anderen auch noch zum Vorwurf gemacht werden.

Den Skorpionen wird traditionell ein großes Durchhaltevermögen nachgesagt. Das bringt auch mit sich, dass zwei Skorpione, die miteinander in einen heftigen Streit geraten, darauf zu achten haben, den Streit noch rechtzeitig aufzugeben. Denn sonst könnte dieser bis zur gegenseitigen Zerfleischung fortgeführt werden.

Skorpione haben wenig Verständnis für »Weicheier« und »Warmduscher«. Dennoch sind sie oft sehr großmütig und mitfühlend und unternehmen alles, um anderen zu helfen. Sie haben nur kein Verständnis für Schmarotzer und Trittbrettfahrer. Wer in Not ist, der soll Hilfe bekommen; sobald er sich selber helfen kann, darf man von ihm aber erwarten, dass er dies auch tut.

Kapitän/in auf hoher See

Das A und O im Leben des Skorpions aber sind seine großen und intensiven Gefühle. Hier muss er lernen wie ein Kapitän sein Patent zu machen, das heißt, souverän in den Wogen des Seelenlebens den eigenen Kurs zu steuern.

Mit seinen Skorpion-Stichen würde er sonst sich und andere verletzen; mit unausgesprochenen, ungelebten Gefühlen auf der anderen Seite würde er nach einiger Zeit sehr unglücklich werden. Skorpione laufen immer Gefahr, aus ihrem »Herzen eine Mördergrube« zu machen. Und dies müssen sie im eigenen Interesse unbedingt verhindern.

Durch seine intensiven Gefühle kann der Skorpion in Beziehungen recht dominierend wirken. Andererseits besitzt er durch seine Gefühlstiefe auch ein großes Einfühlungsvermögen, mit dem er die Gedanken und Bedürfnisse von anderen Menschen ergründen kann und Einblick in so manches Geheimnis gewinnt.

Mehr als andere wird der Skorpion dadurch auch mit den Härten des Lebens konfrontiert. Die Extreme der Seele faszinieren ihn. Deshalb werden dem Skorpion nicht selten auch okkulte Neigungen zugesprochen. Doch im Prinzip geht es ihm um alle *Grenzbereiche* des menschlichen Lebens.

Intensive Erfahrungen

Der Skorpion wird als Tier wegen seiner überraschenden Angriffe aus dem Verborgenen gefürchtet, aber aus anderen Gründen auch als Glücksbringer geschätzt. Im menschlichen Verhalten bezeichnet der Skorpion verborgene Kräfte, die jede und jeder in sich trägt. Sie führen zu einer Begegnung mit Schattenseiten sowie mit unbekannten Reichtümern in unserem Innern.

Der Skorpion bedeutet unser Verlangen aus Prinzip, eine »Sehnsucht des Lebens nach sich selbst« (Kahlil Gibran). Der Skorpion ist ein symbolischer Ausdruck für jene geheimnisvolle Tiefe in uns, aus der unsere Bedürfnisse und unsere Betroffenheit entspringen – einschließlich der Mittel und Wege, die unser Begehren zu befriedigender Erfüllung zu führen vermögen.

Ein typisches Verhaltensmuster zeigt sich im Abtauchen und im Bestreben, sich in einer Unterwasserwelt einzurichten. Heimlichkeiten, Leben und Wirken im Hinterzimmer oder im Untergrund können dieser »Tauchstation« entsprechen.

So darf denn in keiner Beschreibung des Skorpions die Nachtwelt der Agenten und Spione, der Zuhälter und Verschwörer, der Gangster und Verräter fehlen. Bedeutungsvoller als diese reißerischen Skorpion-Ableger ist für viele Skorpione jedoch die Vermischung und Verwechslung von Traum und Realität. Der Skorpion neigt dazu, hoch- oder tiefzustapeln und mehr als jedes andere Zeichen gibt er seine Version nicht nur vor, sondern lebt auch in ihr.

Der Weg in die Freiheit

So erfährt er das Auf und Ab der Emotionen wie kein anderer. Heftigkeiten zwischen Liebe und Hass, zwischen Wut und Weinerlichkeit halten den Skorpion oft fest im Griff. Da fällt es schwer, den Weg in die Mitte und einen klaren Überblick zu finden.

»Unter der beherrschten Oberfläche sind seine Gefühle ebenso heftig und affektiv wie ambivalent: ein Schwanken zwischen Hass und Liebe, leidenschaftlicher Zuneigung und krassem Ekel, enthusiastischer Bejahung und schroffer Ablehnung, hitziger Intensität und eisiger Indifferenz. Die Skala der seelischen Verhaltensweisen dieses mittleren der drei Wasserzeichen ist breit: Er kann ›lieb‹ und verträglich sich geben wie der Krebs-Typus und sensibel-nachgiebig wie der Fisch-Typus, wird aber selbst bei gleichen Reaktionen seinen marsischen Durchsetzungswillen nie ganz aufgeben – und sei es, dass er das ehrgeizige – uneingestandene – Ziel verfolgt, der ›liebste‹ oder sensibelste von allen zu sein. Auch die Spannweite seiner Handlungen ist groß, liegt zwischen den Polen exzessiven Sichauslebens und radikaler Askese« (Christiane von Wiese).

Sein größter Gegner ist der Skorpion dabei oft genug *selber*. Jemand anderes kann kaum in die Seele des Skorpions eindringen, ihn aus der Fassung bringen oder sogar verletzen, ohne zuvor einen wunden Punkt beim Skorpion getroffen zu haben, an dem dieser mit sich selber hadert. Es ist ein langer Weg, bis wir als Skorpione lernen, zu verzeihen (ohne zu vergessen) – bis wir auf dem Hintergrund des Erreichten mit dem Vorhandenen zufrieden, ja, *wunschlos glücklich* sind (ohne die weiterführenden Wünsche aufzugeben).

Skorpion-Frau und Skorpion-Mann

Traditionell ist der Skorpion ein *weibliches* Zeichen, weil das Wasserelement als weiblich verstanden wurde. Doch die zugehörigen Planeten sind Mars, Pluto und Uranus. Das betont die Männlichkeit (Mars), zum anderen auch die Aufhebung der Eingeschlechtlichkeit (beide, Pluto und Uranus, betonen Verbindung von männlichen und weiblichen Aspekten).

Ein weibliches Zeichen ...

Viele traditionelle Unterscheidungsmerkmale zwischen den Geschlechtern sind heutzutage ohnehin hinfällig geworden. Die Fähigkeiten, ein Schiff zu steuern oder beispielsweise Gefühle und Verlangen auszudrücken, sind heute nicht zwangsläufig mit der männlichen oder weiblichen Geschlechterrolle verbunden.

Auch die Suche nach einem intensiven, leidenschaftlichen und erfüllten Leben, wie sie typisch für den Skorpion sein kann, lässt sich nicht eindeutig Männern oder Frauen zuordnen. Der Skorpion verkörpert einfach ein *weibliches Erbe,* dessen Früchte – mit allen Stärken und Schwächen – heute beiden Geschlechtern zur Verfügung stehen.

... für Frauen wie für Männer

Trennen Sie sich von fruchtlosen Träumen und Vorstellungen. Verstehen Sie, was Ihr Herz wirklich begehrt. Und was die anderen tatsächlich bewegt. Als Frau sollten Sie darauf achten, nicht zu streng zu sein. Auch nicht zu sich selbst. Und gleichzeitig dürfen Sie nicht zu nachgiebig sein. Achten Sie nicht auf Unkenrufe! Als Mann sollten Sie endlich mehr den Mund aufmachen. Mehr aus sich herauslassen. Sich mehr hingeben. Nicht an eine Domina, sondern an Ihre intuitive Seite und an die Macht der Zeit, mit der Sie sich verbünden sollten, um Ihren Werken Nachhaltigkeit zu sichern.

Mond und Sonne illustrieren im folgenden zusätzlich die überlieferten weiblichen und männlichen Charakteristika des Skorpions.

Mond in Skorpion

Hier können uns vergleichsweise riesige Gefühle, seelische Bedürfnisse und Begierden begegnen. Gefühle, die sonst zu kurz kommen, können besonders gut berücksichtigt und ausgedrückt werden. Eine Gefahr besteht darin, dass man sich entweder damit identifiziert und sich dann fälschlicherweise selbst für einen Riesen (Supermann oder Superfrau) hält oder dass man daran verzweifelt, weil man diese riesigen Gefühle nicht in den Griff bekommt. Im positiven Sinne bietet dieses Mondzeichen die Chance, mit tiefen und manchmal auch extremen Gefühlen klarzukommen, ein größeres Liebesvermögen und einen neuen Mut von innen heraus für die täglichen Aufgaben und Pflichten zu gewinnen.

Gesundheit: Die Kraft des Mondes wirkt auf die Geschlechts- und die Ausscheidungsorgane. Positive wie negative Einflüsse werden dadurch verstärkt. Der Körper verbraucht und braucht Kohlehydrate und Flüssiges. Ein klares Verlangen fördert die Gesundheit.

Natur: Das wachsende Grün, Kräuter und Blattwerk betont die vegetative Seite des Lebens. Das gilt auch für Sie persönlich. Im Mittelpunkt steht der einfache Stoffwechsel und das vegetative Leben. Achten Sie auf einen guten und genügenden Schlaf! Verwenden Sie Kräuter.

Finanzen: Die unbewussten Wünsche und Bedürfnisse spielen eine entscheidende Rolle in diesem Mondzeichen. Werden sie nicht berücksichtigt, ist die Gefahr besonders groß, sich Illusionen auszusetzen. Versteht man es aber, auch unterschwellige Wünsche aufzugreifen und anzusprechen, erreicht man wesentlich mehr, als wenn der Verstand allein eingeschaltet würde. Dies alles gilt auch für den finanziellen, geschäftlichen und beruflichen Erfolg...

Familie: ...und ebenso für das Familienleben!

Liebe: Wundern Sie sich nicht über eine plötzliche Heftigkeit, die sich in heißen Liebesakten, in Hingabe oder Eifersucht, in Unzertrennlichkeit oder Streitigkeit, in Ausschweifung oder strikter Askese auswirken kann. Achten Sie auf die dahinter liegenden Bedürfnisse!

Abenteuer: Die Erfüllung wichtiger Wünsche und die Aufhebung wichtiger Ängste ist das größte Abenteuer.

Zuhause: Die richtige Konstellation, um Wäsche zu waschen und den Haushalt in Ordnung zu bringen – aber auch zum Verwöhnen und Verführen.

Sonne in Skorpion

Allerseelen, Totensonntag, Volkstrauertag und manches mehr regen dazu an, den Tod nicht ganz zu verdrängen. Interessanterweise ist es gerade die Gewißheit, ein *einmaliges* Leben zu führen, die uns dazu verhilft, bewusster mit den eigenen Möglichkeiten und auch der eigenen Zeit umzugehen. Im negativen Fall entstehen

hier unnötige Ängste, eine sinnlose Gier und eilige Unruhe. Im positiven Sinne entsteht hier eine reife Gelassenheit, die Fähigkeit mit positiven Aggressionen zu beenden, was überholt und unfruchtbar ist, um das zu ernten, was schön und wichtig ist.
Gesundheit: Die Geschlechtsorgane und die Ausscheidungsorgane werden diesem Zeichen zugeordnet. Hier werden Scham- und Tabubereiche berührt. Und tatsächlich entscheidet der richtige Umgang mit diesen Themen hier über Gesundheit und Wohlbefinden. Hier ist es gleichsam eine gesundheitliche Pflicht, sich um seine Leidenschaften und sein Verlangen zu kümmern.
Natur: Eine Zeit der Ruhe und der inneren Sammlung. Eine Zeit vertiefter Lebensfreude und intensivierten Lebensgenusses.
Finanzen: Loslassen, um zu ernten: Alles Überholte, Unechte, Nebensächliche oder Unfruchtbare aufgeben und erledigen, um jetzt und insgesamt in diesem Leben zu ernten, was reif und fruchtbar ist. Diese Botschaft des »Sensenmanns« gilt auch für den beruflichen und geschäftlichen Bereich.
Familie: Auch im Familienleben stellen sich jetzt die Fragen (oder sollten gestellt werden): Welche Früchte sind jetzt reif? Welche Ergebnisse fehlen Ihnen noch? Was passt nicht mehr zu

Ihnen? Und wie können Sie Ihren Wünschen Nachdruck verleihen?

Liebe: Sie haben das Recht, aus Konventionen und fesselnden Verpflichtungen auszubrechen und den eigenen Weg zu gehen. Dies gilt jetzt insbesondere auch für Liebesbeziehung und Partnerschaft.

Abenteuer: Sie erreichen den Gipfel des Glücks paradoxerweise dann, wenn Sie *wunschlos glücklich* sind.

Zuhause: »Verzeihen – ja; vergessen – nein!« Ziehen Sie einen Strich unter das, was war, und stellen Sie Ihre Erwartungen auf den Prüfstand. Werden Sie selber aktiv, um sich zu versöhnen und/oder um sich zu verabschieden.

Typisch Skorpion!

Jahreszeitliches: Herbstmitte. Ahnen, Tod und Wiedergeburt. Grenzerfahrungen. Allerseelen und Allerheiligen. Reformationstag. Volkstrauertag, Buß- und Bettag, Totensonntag.
Astrologisches: Im Skorpion regiert der Pluto, und Uranus ist hier erhöht. Zum Skorpion gehört das 8. Haus, das heißt der Bereich des Okkulten, des Heimlichen und Unheimlichen; der Bereich der persönlichen Leitbilder und Ideale; der Bereich des geistigen Wachstums.
Entsprechungen:
Indianerhoroskop: Schlange.
Symbole: Dolch; Fluss.
Definition: Ich verlange (begehre).
Körperteile: Geschlechtsorgane; Nebennierenrinde.

Lebensregeln für den Skorpion

Da Skorpione alle ihnen zur Verfügung stehende Energie einsetzen, ist es von großer Wichtigkeit, dass sie von Anfang an den richtigen Weg einschlagen. Sie nehmen das Leben niemals auf die leichte Schulter, und was immer sie auch beginnen, es ist ihnen ernst damit.

Ihr Wunsch, alles perfekt zu machen, hindert sie daran, anderen Verantwortung zu übertragen, so dass sie sich bei ihrer Suche nach Vollkommenheit bis ins kleinste Detail nicht selten überarbeiten.

Hochentwickelte Skorpione sind die glühendsten Verfechter der Gerechtigkeit, auch wenn sie dem Tode ins Auge sehen müssen. Anders als beispielsweise der Widder verfügt der Skorpion über ein ungeheures Duchhaltevermögen, weil es sich beim Skorpion um ein festes Zeichen handelt. Der Skorpion wird stets bis zum bitteren Ende durchhalten, mögen Anstrengungen und Opfer auch noch so groß sein.

Es drängt ihn, den Dingen auf den Grund zu gehen und den Kern einer Sache zu erfassen. Seine Begabung liegt daher vor allem auf dem Gebiet der Entdeckung, Wissenschaft, Forschung und der Untersuchung von Grenzbereichen des Lebens. Angst vor dem Tod ist ihm fremd, da er ein mystisches Verständnis für das Gesetz des ewigen Wandels besitzt.

Skorpion: Körper, Geist und Seele

Erklärung des Symbols ♏: Dem Sinnbild der dreigeteilten Kreise hat sich die Zeugungsrune angegliedert. Die Schlange erhebt wieder ihr Haupt. Sie hat sich ins Freie gekämpft und beansprucht nun die Herrschaft über das Bewusstsein, das zur Ganzheit drängt. Der aufwärts strebende Pfeil der Zeugungsrune zeigt an, dass der Weg weiter nach oben führt. Wird sich die Schlange im Menschen (=das Wissen um die Zweiheit) zugunsten der Reinheit und Einheit opfern? Das Faust-Problem: Das »Stirb und Werde« wird lebendig. »Wenn der ird'sche Leib zerstäubt, wird der neue wach!«

Herrschender Planet: Pluto (vormals: Mars).

Korrespondenzhaus: VIII.

Exil für Venus.

Erhöhung für Uranus.

Fall für Mond.

Jahreszeit: Herbstmitte. Stand der Sonne im Skorpion ca. vom 23. Oktober bis 21. November.

Naturerscheinungen: Hagel, Herbststurm, Wirbelsturm, Blitz und Donner, Naturkatastrophen, Grubenunglücke, Explosionen, Kriege,

Verwüstungen, Wetter: herbstlich, trübe, stürmisch, Regenschauer.
Urqualität: Feucht und kalt (kalt überwiegend).
Geschlecht: Weiblich. – Einkörperlich.
Element: Wasser (negativ, passiv, magnetisch).
Dynamisch: Fixes oder festes Zeichen.
Temperament: Melancholisch (mit psychischer Auswirkung).
Kraft: Zeugungskraft, Sexualkraft. Das Lustprinzip, der Geschlechtsdurst. Todeskraft, Auferstehungskraft, Spannkraft, Muskelkraft, Zentrifugalkraft.
Urbilder: Die Schlange. Der giftige Stachel. Der Geschlechtsdurst. Die Wollust. Der Sündenfall. Der Versucher. Die Wandlung, Regeneration, Wiedergeburt. Das faustische Ringen. Die Umkehr, Katharsis. Das »Stirb und Werde«. Der sich aus der Flamme erhebende Phönix. Schlacken verbrennen müssen. Was sterben muss. Krieg, Tod, Verluste.
Der Typus:
POSITIV Der ringende, problematische Mensch. Der faustische Mensch. Der Okkultist.
NEGATIV Der dämonische Mensch. Der Gewaltmensch. Der Verführer.
Entsprechungen:
Sinn: Geschmackssinn.
Gestalt: Mittelgroß, robust, breitschultrig.
Gang: Energisch, straff, zusammengerafft.

Gesicht: Prägnante Schädelbildung. Gut entwickelte, breite, ausdrucksvolle, gewölbte Stirn. Düsterer, stechender, wilder, herausfordernder, trotziger, zorniger, dämonischer, faszinierender Blick. Buschige Augenbrauen. Verbissene Mundwinkel. Hervortretende Unterpartie. Stark ausgeprägtes Kinn. Dunkle Haare, oft rötlich.
Geruch: Scharf, stark, Chemikaliengeruch, Pulvergeruch.
Geschmack: Gepfeffert, gewürzt, scharf, beißend.
Physiologisch: Unterleib, Geschlechtsorgane, das Zeugungssystem, der Samen, Leisten, Blase, Harnröhre, Becken, After, Ausscheidungsorgane, Blinddarm.
Konstitution: Kräftig.
Krankheitsneigung: Disposition zu ansteckenden Krankheiten. Geschlechtsleiden. Innere Verletzungen. Operative Eingriffe. Geschwüre, Entzündungen, Hämorrhoiden, Blasenleiden, Menstruationsstörungen.
Personen: Alle Personen, die mit dem Ableben zu tun haben, Totengräber etc. »Energiebündel«, Gewaltmenschen, aber auch solche Menschen, die nach innen gerichtet sind und mit den Gewalten ihrer triebhaften Natur ringen. Stark sexuell veranlagte Menschen. Prostituierte, Zuhälter.
Berufe: Konkursverwalter, Totengräber, Testa-

mentsvollstrecker, Jäger, Tierbändiger, Schlächter, Scharfrichter, Mediziner, Chirurgen, Chemiker, Physiker, Techniker, Schlosser, Mechaniker, Maschinisten, Heizer, Schmiede. Fabrikanten, Färber, Gerber, Boxer, Ringkämpfer, Athleten. Künstler besonderer Techniken, Radierer, Graveur, Zuschneider, Glasschneider etc.
Kunst: Kriegskunst, radieren, gravieren.
Wissenschaft: Chirurgie, Naturwissenschaft, insbes. Physik und Chemie, Technik, Zoologie. Okkultismus (spez. die Probleme, die um den Tod und um das Fortleben nach dem Tode kreisen).
Tiere: Wolf, Raubkatzen (Tiger, Panther, Leoparden), Skorpion, Schlangen, Hyäne, stechende Insekten (Wespen, Mücken) und Tiere mit Krallen.
Pflanzen: Stechpalme, Dornensträucher, Brennnessel, Distel, Nadelbäume (Fichte usw.), Zwiebel, Knoblauch, Rettich, alles Bittere, Scharfe, Stechende, Brennende.
Edelsteine: Rubin, Jaspis, Magnetstein.
Metalle: Eisen, Stahl. Farbe: Rot, Schwarz.
Gegenstände: Alle Eisen- und Stahlwaren, Maschinen, Handwerkszeug (Hammer, Nägel, Beil usw.). Alle Schneidwerkzeuge (Schere, Messer usw.), alles, was sticht (Nadeln usw.). Stich- und Schusswaffen (Säbel, Pistolen usw.). Der Sarg. Von Nahrungsmitteln: Senf, Pfeffer, Essig,

alle scharfen Gewürze. Alle sexuellen Reizgegenstände.

Gegend: Unfruchtbare Gegenden. Feuerspeiende Berge. Überschwemmungsgebiet – Sümpfe. Jagdgebiet.

Orte: In Fabriken, Kasernen, Operationsräumen, Schlachthäusern. Auf dem Schlachtfeld. Im chemischen Laboratorium. In einer Brennerei. Das Sterbelager. Die Totenkammer. Auf dem Friedhof. Das Grab. Im Zoologischen Garten. – Auf der Toilette.

Länder: Norwegen, Marokko.

Städte: München, Baden-Baden, Tübingen, Reutlingen, Frankfurt/O., Danzig. – Dover, Washington, Milwaukee.

Wochentag: Dienstag.

Wesen: Triebhaft, wild, stürmisch, ungestüm, aggressiv, ringend, kämpferisch, kriegerisch, streitbar, gewaltsam, krampfhaft, zerpflückend, zerstörend, zersetzend, auflösend, kompliziert, problematisch, parteiisch, fanatisch, mutig, heroisch, furchtlos, stachlig, stichelnd.

Wirkung auf den Charakter:

POSITIV Eifrig, mutig, furchtlos, entschlossen, ehrgeizig, unbeugsam, geheimnisvoll, tief veranlagt, unergründlich.

NEGATIV Rauh, eigenwillig, draufgängerisch, aufbrausend, unzufrieden, ungeduldig, erregbar, leicht verletzbar, rasch beleidigt, nachtragend, misstrauisch, verschlossen, verbissen, trotzig, störrisch, zornig, jähzornig, rasend, bösartig, rachsüchtig, habgierig, grausam, sadistisch, zerstörerisch, für Schmeicheleien leicht empfänglich.

Das persönliche Auftreten:

POSITIV Energisch, kraftvoll, mutig, entschlossen, gebieterisch.

NEGATIV Stolz, herausfordernd, angriffslustig, zügellos, herrisch, rücksichtslos, derb, rauh. Krampfhaft.

Denken:

POSITIV Scharfsinnig, forschend, bohrend, eindringend, ergründend, unergründlich, tief, mystisch, okkultistisch.

NEGATIV Grüblerisch, parteiisch, erregbar, reizbar, überkritisch, kompliziert, problematisch, zersetzend, zerpflückend, verkrampft, kriegerisch, gehässig, fanatisch, störrisch, bösartig, heimtückisch, listig, verschlagen, raffiniert, rachsüchtig, dämonisch.

Reden:

POSITIV Leidenschaftlich, mutig, furchtlos, scharfsinnige Bemerkungen. Dem Durchschnittsmenschen unverständlich.

NEGATIV Angriffslustig, rechthaberisch, streitsüchtig, argumentierend, nörglerisch, widerspenstig, widerspruchsvoll, scharf, spitz, spöttisch, beißend, zerpflückend, ironisch, satirisch, sarkastisch, zynisch, listig zänkisch, gemein.

Stimme:

Positiv Tief, durchdringend, eindringlich, markant, gewaltig.

Negativ Scharf, spitz, heftig, dröhnend, grollend, dämonisch.

Redewendungen: »Das ist gewaltig, aufregend, schrecklich, katastrophal, er war einfach nicht zu bändigen, nicht so stürmisch, zum Donnerwetter noch mal!« Alle Flüche.

Fühlen:

Positiv Elementar, triebhaft, temperamentvoll, leidenschaftlich.

Negativ Draufgängerisch, begehrend, sinnlich, zügellos, ausschweifend, lasterhaft, wollüstig, vergewaltigend, gemein, eifersüchtig, chaotisch.

Wollen:

Positiv Den Urgrund der Welt erfassen. Das Verschleierte enthüllen. Den Tod überwinden. Magische Kräfte entwickeln. Über sich selbst hinauswachsen. Das »Niedere« erlösen. Das »Obere« mit dem »Unteren« in Verbindung bringen. Schlafen, um zu erwachen. Sterben, um aufzuerstehen. In sich das Alte opfern, um ein neuer Mensch zu werden.

Negativ Sich ausleben, seinen Gelüsten frönen. Niederreißen, zerstören. Sich mit Gewalt durchsetzen. Über andere herrschen wollen. Andere Existenzen vernichten. Indem man andere vernichtet, gräbt man das eigene Grab.

Handeln:

POSITIV Energisch, durchgreifend, eifrig, impulsiv, tapfer, mutig, heroisch, titanisch, ehrgeizig.
NEGATIV Ungeduldig, ungestüm, heftig, stürmisch, wild, herausfordernd, befehlshaberisch, waghalsig, unbesonnen, unvorsichtig, unbeherrscht, herrisch, tyrannisch, herrschsüchtig, bösartig, kriegerisch, zerstörerisch, rücksichtslos, über Leichen gehend, derb, roh, barbarisch, brutal, grausam, gewalttätig, vergewaltigend, wütend, rachsüchtig, gemein, aufreizend, aufwühlend, gespannt, unbeugsam.

Wirkung auf das Schicksal: Der Besitz der Umwelt. Öffentliche Gelder, Testamente, Erbschaften, Legate. – Verluste, Lebensgefahren, Unfälle, operative Eingriffe, Todesfälle, Begräbnisse. Auch der Tod der eigenen Persönlichkeit.

Ideell:

POSITIV Die Gedanken sind völlig auf den Umwandlungsprozess eingestellt. Das »Ich« ist bereit, sich zu opfern, damit nach weiteren Prüfungen das große Einssein erlebt werden kann. Okkulte Erfahrungen und Erlebnisse halten den Geist beschäftigt. Das »Stirb-und-Werde-Problem« wird kosmisch erlebt. Das Phänomen der Vergänglichkeit in der Natur stimmt nachdenklich. Probleme, die das Fortleben nach dem Tode betreffen, spornen zu neuen Untersuchungen und Erlebnissen an.

NEGATIV Gedanken der Trauer werden aktiviert. Die Vergänglichkeit aller Dinge drückt auf das Seelenleben, vergeblich sucht man nach dem Sinn der Zersetzungserscheinungen, die überall, wo man hinblickt, wahrgenommen werden. Man sträubt sich, ein drohendes Verhängnis anzuerkennen. Leidenschaftlich lehnt man sich auf gegen das Chaos, das – so scheint einem – die Welt regiert, obwohl es nur das Seelenleben beherrscht und das bessere Ich untergräbt. Nicht viel fehlt, und der Kessel der inneren Gluten explodiert und befreit das mephistophelische Prinzip der Negation, der Zerstörung, das in heftigster Weise alles sinnvoll Aufgebaute zu zerschlagen vermag.

Materiell:

POSITIV Legate, Erbschaften, Besitzvermehrung durch die Beziehung zu Partnerschaften, wie zur Öffentlichkeit, Überwindung von Krisen.

NEGATIV Verluste durch Partnerschaften, wie durch die Öffentlichkeit. Zusammenbruch von Unternehmungen. Konkurse. Kritischer Ausgang von Lotteriespielen und Wetten. Erhoffte Erbschaften realisieren sich nicht. Der Besitz der Umwelt wird zu Wasser. Konflikte, Auseinandersetzungen, Trennungen. Todesfälle, Begräbnisse. Geschlechtskrankheiten. Eingriffe. Unfälle, Lebensgefahren, Tod. (Das eigene) Begräbnis.

Skorpion für Fortgeschrittene

Wie in anderen Lebensbereichen auch, reizt den Skorpion in der Sexualität das Tabu. Dabei ist die Sexualität selbst zumindest teilweise ein Tabu; also liegt für den Skorpion ein doppelter Reiz in sexuellen Tabuzonen. Die entsprechenden Traum- und Wunschvorstellungen besitzen auf der einen Seite ihren Wert und ihren Zweck für sich. Auf der anderen Seite ist auch die Sexualität Symbol und Gleichnis.

Wer Tabus erforscht, sucht z.B. auf der anderen Seite nach neuen Grenzen, nach Grenzen, an die er oder sie sich halten kann. – Sexualität bedeutet vom Wort her »Geschlechtlichkeit«. Diese spielt in alle Lebensbereiche hinein. Denn dass wir jeweils einen *bestimmten* Körper und ein *bestimmtes* Geschlecht besitzen, ist eine allgegenwärtige Tatsache, die (nicht nur) in den großen Ereignissen des Lebens bis hin zu Geburt, Hochzeit und Tod besonders hervortritt. Mit anderen Worten, es findet sich in der Sexualität als Geschlechtlichkeit die Grunderfahrung des Skorpions wieder, sich selbst als bestimmten, einmaligen Menschen mit eigener Zeitlichkeit zu erleben.

Weil die Geschlechtlichkeit einen Teil jeder Lebensäußerung darstellt, ist es auch kein Wunder, wenn der Möglichkeit nach jedes Ereignis, jeder Gedanke, jede Empfindung auch eine sexuelle Bedeutung besitzen kann. Darauf aufmerksam zu achten, heißt, die eigene Geschlechtlichkeit zu beachten und die persönlichen Leidenschaften zu kultivieren.

Die bewusste genitale Sexualität ist dabei ein Ziel und Höhepunkt, welcher in sich wiederum Selbstzweck und Gleichnis darstellt: Indem wir lernen, unsere Triebe und Bedürfnisse ernstzunehmen, diese zu entwickeln und auf einen Brennpunkt zuzuspitzen, gelangen wir in die Lage, alle Energien eines Augenblicks auf einen Punkt zu bringen – in jedem Bereich unseres Lebens.

Sonne, Mond und Aszendent

Der wichtigste Faktor eines Horoskops ist die *Sonne.* »Sonne in Skorpion« bedeutet eben Geburtstag in der Zeit vom 23. Oktober bis zum 21. November. Der zweite wichtige Faktor eines Horoskops ist die Stellung des *Mondes.* Ob der eigene Mond im Skorpion oder in einem anderen Zeichen steht, kann man nicht am Geburtsdatum erkennen, sondern man braucht ein fertiges Horoskop oder eine Tabelle. Auf Seite 90 finden Sie ein kurzes Berechnungssystem, mit dem Sie Ihr persönliches Mondzeichen ganz einfach errechnen können.

Der dritte wichtige Faktor eines jeden Horoskops ist der *Aszendent.* Dies ist das aufsteigende Zeichen, die Spitze des ersten Hauses im Horoskop. Wenn man kein fertiges Horoskop vor sich liegen hat, so lässt sich aus den Tabellen auf Seite 79 ff. ebenfalls leicht entnehmen, welches Ihr persönlicher Aszendent ist.

Zum Überblick: Die Sonne verweilt jeweils etwa einen Monat lang in dem betreffenden Zeichen. Innerhalb eines Jahres »reist« die Sonne durch alle 12 Zeichen. Beim Mond sind es etwa 2 1/2 Tage, die er in einem Zeichen verweilt. Innerhalb eines Monats durchstreift der Mond alle 12 Zeichen. Der Aszendent wechselt etwa alle 2 Stunden; innerhalb von 24 Stunden stellt jedes Zeichen einmal den Aszendenten.

Der Aszendent betrifft gleichsam die Stunde Null, den Geburtsmoment. Das Zeichen des Aszendenten gibt an, wie man in die Welt tritt, wie man zuerst und spontan in Erscheinung tritt; was man an der Welt als erstes schätzen oder fürchten lernt. Sehr oft ist übrigens die persönliche Partnerwahl vom Aszendenten bestimmt. Viele Menschen wählen – unbewusst – einen Partner aus, der seinen Geburtstag in eben dem Zeichen feiert, das dem eigenen Aszendenten entspricht. – Lesetip: Über die *Sonne in Skorpion* informiert das gesamte vorliegende Buch, besonders aber auch S. 24. Auf den *Mond in Skorpion* bezieht sich ebenfalls alles, was in diesem Text notiert ist, besonders aber die Seite 22. Wenn man genauer verstehen will, was der *Aszendent Skorpion* im einzelnen bedeutet, so hilft Ihnen die Seite 50 weiter.

Im Folgenden sollen uns die zwölf Aszendenten interessieren, für alle, die im Zeichen des Skorpions Geburtstag feiern.

Der Skorpion und die 12 Aszendenten

Aszendent Widder: Man übernimmt gerne die Führung und ergreift selber die Initiative. Dabei sind Sie jedoch nicht selten ungeduldig und gereizt. Man fühlt sich schnell in der eigenen Ehre verletzt. Auf andere macht man den Eindruck einer entschlossenen, optimistischen Kämpfernatur. Mit Aszendent Widder ziehen Sie die Aufmerksamkeit auf sich. Mitunter sind Sie sehr dominant. Man misst gerne die eigene Kraft mit Anderen, vor allem in direkter Konfrontation.

Mit diesem Aszendenten lieben Sie alles, was neu ist. »Neu ist gut.« Aber man will auch sofort Ergebnisse sehen. Sie sind lebenslustig. Sie verteidigen Ihre Sache bis zum Äußersten, ohne zu bemerken, dass sich ein harter Kampf entwickelt. Anfällig für Kopfschmerzen. Sie sind sehr freiheitsliebend und aktiv. Mitunter gibt es Schwierigkeiten in der Zusammenarbeit. Auch: Man lässt sich die eigene Stimmung nicht anmerken, sondern versucht sie durch einen Scherz zu überspielen. Dies kann Einsamkeit zur Folge haben, da Andere die eigenen Gefühle nicht ernst nehmen. Kennzeichen: Erst tun, dann denken.

Aszendent Stier: Ruhig und sehr überlegt. Sie haben eine Abneigung gegen Eile und Hast. Sie sind praktisch orientiert. Man handelt nicht, ohne sicher zu sein, dass das Handeln auch zu Resultaten führen wird. Dann jedoch ist man sehr durchsetzungsfähig. Sie sind geduldig und beharrlich. Aber auch eigensinnig, vor allem, wenn jemand versucht, Druck auszuüben. Mit Aszendent Stier machen Sie einen ruhigen, beherrschten Eindruck auf Andere, wie stark die inneren Emotionen auch sein mögen. Meist strahlen Sie Wärme und Freundlichkeit aus, so dass Andere sich wohl fühlen. Charmant und beliebt.

Mit diesem Aszendenten sucht man physischen Komfort und Sicherheit. Man versucht, die Dinge gelassen und entspannt auf sich zukommen zu lassen. Meditiert gerne. Doch auch: ackern bis zum Umfallen. »Die Ochsentour.« Mitunter jähzornig. Manchmal zu eigensinnig. Man ist ehrlich, zuverlässig, hält sich jedoch leicht selbst zum Narren. Man verträgt Kritik von Anderen nicht so leicht, nur von sehr bewunderten oder sehr intimen Freunden und Freundinnen. Stark entwickeltes Gefühl für das Schöne in Natur, Kunst und Handwerk. Sinnlich. Kennzeichen: Starke körperliche Konstitution.

Aszendent Zwillinge: Aktiv, ruhelos, kann sich nicht lange mit einer einzigen Sache beschäftigen oder an einem Ort in einer Haltung verweilen. Man versucht, in kurzer Zeit viel zu tun. Man redet gerne und sucht Abwechslung. Aszendent Zwillinge liebt delikate, feinsinnige, komplizierte Dinge und Menschen. Man ist schnell, vor allem im Bereich des Intellekts. Man setzt sich schnell in Bewegung und kommuniziert gerne mit Anderen. Man kann nur schwer schweigen und besitzt ein großes Bedürfnis nach geistiger Betätigung.

Mit diesem Aszendenten sehen Sie jung aus – und altern auch geistig nicht. Man findet gerne heraus, wie etwas funktioniert. Man liebt das Spiel und macht auf Andere einen geistreichen, charmanten Eindruck. Aber Achtung: Man tendiert auch leicht dazu, Alles nur halb zu tun. Starker Wissensdurst. Man will das Wie und Warum der Dinge ergründen. Dies kann zu einer starken Dominanz des Verstandes führen, wodurch ein gewisses Misstrauen den übrigen Dingen des Lebens und Menschen gegenüber entstehen kann. Mitunter erweckt man mit diesem Aszendenten den Eindruck, mehrere Persönlichkeiten gleichzeitig zu haben, die recht gegensätzlich wirken. Kennzeichen: Neugierig und erfinderisch.

Aszendent Krebs: Man fühlt sich mit Heim und Familie verbunden. Die eigenen Wurzeln sind stark und tief. Man verändert die eigene, direkte Umgebung nur ungern bziehungsweise langsam. Man ist freundlich, spricht jedoch mit Fremden nicht über die eigenen Gefühle. Man beschützt gerne Andere, sorgt aber auch für den eigenen Schutz. Man nimmt Rücksicht auf die Gefühle der anderen und erwartet eigentlich das Gleiche auch umgekehrt; man verträgt kein hartes Wort.

Mit diesem Aszendenten zieht man sich »ins Schneckenhaus« zurück, wenn das eigene Gefühl verletzt ist. Dabei erweckt man jedoch den Eindruck, gleichgültig zu sein. Kindheitserfahrungen wirken das ganze Leben lang nach. Man sucht – und findet – Integrität und Sicherheit. Man ist nicht so leicht für etwas zu gewinnen, jedoch wenn, dann setzt man sich ganz dafür ein. Man möchte die Dinge mit Anderen teilen. Dieser Aszendent gilt zugleich als innovativ und konservativ. Genau und sorgfältig. Man bemüht sich bei der Arbeit um Perfektion und übernimmt auf diese Weise nicht selten die Führung. Allerdings kennt man hier auch die Angst, sich eine Blöße zu geben, ist auf der einen Seite recht schüchtern, während man auf der anderen Seite gerne im Mittelpunkt stehen möchte. Starkes Bedürfnis nach Dankbarkeit. Empfänglich für

Atmosphäre und Stimmungen. Man glaubt oft, dass es Anderen besser geht. Kennzeichen: äußerlich nachgiebig, aber innerlich selbstbewusst und den eigenen Ansichten treu.

Aszendent Löwe: Man macht auf Andere einen liebenswerten, gefühlvollen, charmanten und sehr selbstbewussten Eindruck. Sie lieben das Spiel und wollen das eigene Image nach dem Bild formen, das Andere sich von Ihnen machen. Dieser Aszendent kann nur schwer Irrtümer oder Misserfolge zugeben. Man steht gerne im Mittelpunkt und will stark erscheinen. Dominant. Stolz. Man übernimmt gerne Führerrollen. Idealistisch, doch Andere müssen ihre Kraft und Integrität beweisen.

Mit diesem Aszendenten ist man loyal und edelmütig gegenüber Menschen, die vertrauenswürdig erscheinen. Man liebt äußeren Glanz und beeindruckt gerne Andere. Ruft Respekt und Sympathie hervor. Man ist sehr empfänglich für Schmeicheleien. Aber auch: autoritär. Empfindlich bei den Meinungen Anderer. Faul (»wer faul ist, ist auch schlau«). Man hat ein Herz für die Mitmenschen, vor allem für Menschen, die Beistand benötigen. Innere Konflikte werden hinter Unnahbarkeit und Stolz verborgen, da sie als Blamage angesehen werden. Möglicherweise große Furcht, falsch verstanden zu werden. Gefahr, sich selbst für den Mittelpunkt der Welt zu halten. Neigt dazu, Andere zu stark zu idealisieren. Kennzeichen: Lebendigkeit, Mut, Willensstärke.

Aszendent Jungfrau: Man ist oftmals überkritisch in Bezug auf das eigene Äußere. Man achtet dabei auf jedes Detail, um einen möglichst guten Eindruck zu machen, und legt großen Wert auf Sauberkeit und Hygiene. Dieser Aszendent wirkt scheu und glaubt erstaunlicherweise, nur von wenigen Menschen als attraktiv angesehen zu werden. Adrett. Ordnungsliebend. Perfektionist(in) mit der Neigung, auch Andere zur Perfektion zu zwingen. Kritisch sich selbst und Anderen gegenüber. Man muß lernen, beim Ansprechen der kleinen Fehler Anderer taktvoll zu sein. Mit diesem Aszendenten tut man etwas nur, wenn ein greifbares Ziel sichtbar ist; man macht eigentlich nichts »nur so«, aus Selbstzweck. Man liebt Schönes, alles Gelungene und Vollendete – und Menschen, die einen guten Geschmack haben. Dabei bleibt man jedoch meist reserviert und kühl. Man macht sich gerne nützlich, liebt die Arbeit. Wählerisch, auch im Essen und Trinken. Augen fürs Detail. Verliert manchmal die größeren Zusammenhänge aus dem Blick. Gefahren: Schwermut und Selbstmitleid. Angst vor eingebildeten Katastrophen und Krankheiten. Man macht sich einfach zu viele Sorgen. Abneigung gegen Überraschungen. Kennzeichen: zuvorkommend und dienstfertig.

Aszendent Waage: Man widmet dem persönlichen Umgang mit Menschen viel Aufmerksamkeit. Man muss und möchte lernen, wie dieser am besten zu gestalten ist. Natürlich benutzen Sie Ihren Charme, um Andere zu überzeugen und die eigenen Ziele zu erreichen. Auch: Man versucht Andere zu manipulieren, ohne dass sie es merken. Abneigung gegen Disharmonien zwischen Menschen. Man versucht, den Frieden aufrechtzuerhalten.

Mit diesem Aszendenten kleidet man sich gerne elegant. Man liebt die schönen Dinge und die schönen Künste. Kokett. Extravagant. Nicht selten Schwierigkeiten, mit beiden Füßen auf dem Boden zu stehen. Höflich, freundlich. Oft Richter und Vermittlerin. Man neigt dazu, Andere zu beurteilen. Man kann nur schwer Nein sagen und hat Probleme damit, wirklich man selbst zu sein. So wirkt man auf Andere unentschlossen oder gleichgültig. Man übernimmt gerne die Leitung und die strategische Planung, hat jedoch eine Abneigung gegen pedantische Arbeiten. Die Umsetzung leidet dadurch. Man tendiert dazu, Dinge hinauszuschieben und zu viel zu versprechen. Kennzeichen: Pionier des Geistes – und der Liebe.

Aszendent Skorpion: Ruhig und reserviert; dennoch bemerken Andere die tiefen Gefühle. Leidenschaftlich und sensibel. Man überwindet körperliche Ermüdung schnell. Wegen Kleinigkeiten kann man plötzlich wütend werden. Man macht auf Andere den Eindruck von Heimlichtuerei, ohne solche Absichten zu haben. Schwierigkeiten, sich Anderen verständlich zu machen. Ausgezeichnete Beobachtungsgabe. Man versteht es, den Charakter Anderer intuitiv richtig zu erfassen und zu beschreiben. Zieht nur Wenige ins Vertrauen. Meist freundlich. Strahlt auf Andere Kraft aus, vor allem durch die Augen. Beschäftigt sich gerne mit den Geheimnissen von Leben und Tod, ebenso wie mit Sexualität und Geld. Man erfasst die Möglichkeiten Anderer intuitiv. Starrsinnig bis zur Verbissenheit und Verkrampfung. Man kämpft hart gegen Angreifer.

Mit diesem Aszendenten hat man ein großes Bedürfnis, ernst genommen zu werden. Andere unterschätzen Ihre inneren Kräfte und Fähigkeiten im ersten Augenblick, revidieren ihre Meinung jedoch später. Man geht gerne Risiken ein, versäumt es jedoch nicht, sie vorher abzuschätzen. Man will das Leben mit dem ganzen Wesen erfahren. Sehr leicht verletzlich, dann oft auch sehr verletzend. Man reagiert auf Verletzungen mit Sarkasmus und Rachsucht. Kennzeichen: Meister/in in Extremsituationen.

Aszendent Schütze: Offen, extrovertiert, ehrlich. Neigung zur Indiskretion. Impulsiv, intuitiv. Man macht manchmal grobe Bemerkungen, ohne Andere verletzen zu wollen. Sehnsucht nach dem Wunderbaren: nach dem großen Erfolg und dem einfachen Leben. Abneigung gegen Tricks und Pflichterfüllung. Sehr energisch und freiheitsliebend. Idealistisch, folgt den eigenen Wünschen. Man wird unruhig, wenn man sich eine Weile still verhalten soll. Starkes Bedürfnis nach Bewegung. Muss das eigene Leben selbst gestalten können. Man lässt Andere in Frieden; Abneigung gegen Verantwortung für Andere. Man hält ihnen jedoch ihre Verpflichtungen vor. Dabei ist man sich der Verbundenheit aller Menschen stark bewusst.

Mit diesem Aszendenten hat man immer wieder große Schwierigkeiten, nüchtern zu bleiben, vor allem, wenn es um die eigenen Ideale geht. Verbreitet gerne Ideen. Unstillbarer Wissensdurst, enormer Erfahrungshunger: Suche nach Lebendigkeit. Abneigung gegen Einsamkeit, Absonderung sowie gegen Vorurteile. Starkes Bedürfnis nach Kommunikation und Geselligkeit. Man wirkt sehr entschlossen, tauscht jedoch das eine Ideal schnell gegen ein anderes ein, ohne es selbst zu merken. Kennzeichen: große Träume – große Aufgaben.

Aszendent Steinbock: Man nimmt die Verantwortung für sich und das eigene Handeln sehr schwer und sich selbst zugleich sehr ernst. Man macht in persönlichen Angelegenheiten einen reservierten und gleichzeitig ehrgeizigen Eindruck. Ständige Furcht davor, den falschen Eindruck zu erwecken. Man setzt sich ganz ein, wenn die anfängliche Reserve einmal überwunden ist. Hohe Maßstäbe. Man hat meist einen beruhigenden, stabilisierenden Einfluss auf Andere. In der Welt kann und will man etwas Wichtiges sein und ist bereit, dafür Entbehrungen auf sich zu nehmen.

Mit diesem Aszendenten hegt man Achtung für erfolgreiche Menschen und versucht, von ihnen zu lernen. Moralische Einstellung. Mitunter auch das krasse Gegenteil, höchste Skrupellosigkeit. Vielfach findet man das Leben und die Welt problematisch und schwer. Neigung zu Eifersucht und Bitterkeit. Man kann sich nur schwer entspannen und nur schwer spielen. Man arbeitet hart. Großes Bedürfnis nach Anerkennung, Vertrauen und Achtung. Angst, massiv behindert zu werden. Sinn für Förmlichkeiten, zugleich auch Rebellion gegen gewisse Tabus. Man lässt sich leicht von Äußerlichkeiten beeindrucken. Oder man ignoriert diese leichtfertig. Trotz allem guter Humor. Kennzeichen: viele Talente – neue Werte.

Aszendent Wassermann: Sehr interessiert an Neuem, aber will dieses auf eigene Faust entdecken. Nur schwer zu überzeugen. Man unternimmt nichts gerne auf herkömmliche Art. Interesse an gesellschaftlichen und wissenschaftlichen Problemen. Man wirkt auf Andere sehr unpersönlich. Großes Bedürfnis nach Freundschaft. Sie akzeptieren keine Hierarchien, wenn es um Menschen geht. Autorität wird nur akzeptiert, wenn man davon überzeugt ist, dass diese völlig gerechtfertigt ist. Ruhig und beherrscht.

Mit diesem Aszendenten betrachtet man Dinge immer zuerst vom geistigen Standpunkt aus. Mental, nicht emotional. Man hat daher Schwierigkeiten, mit emotionalen Menschen auszukommen und sie zu verstehen. Man kann Anderen nur schwer ihre Meinung lassen, wenn diese von den eigenen Vorstellungen von der Wahrheit abweichen. Einnehmend, human. Man sucht Einsicht in das Wesen des Menschen. Unkoventionell und exzentrisch. Mitunter selbstverliebt. Originelle, eigenwillige Ansichten. Spöttisch; stellt sich dumm und bringt dadurch Andere in Verlegenheit. Kennzeichen: Man folgt dem eigenen Stern!

Aszendent Fische: Sie sind sehr sensibel den Gefühlen Anderer gegenüber. Zugleich unterliegen Sie der Gefahr, diese Gefühle (auch die negativen) zu übernehmen. Träumerisch, idealistisch, glaubt an eine Wirklichkeit hinter den Dingen. Großes Einfühlungsvermögen im persönlichen Bereich. Man verliert sich schnell durch übertriebene Freigiebigkeit und Altruismus. Lässt sich leicht täuschen. Ist verbittert, wenn die Täuschung offenbar wird.

Mit diesem Aszendenten wirkt man wirklichkeitsfremd, verträumt. Aber möglicherweise ist man selber nicht ganz ehrlich zu sich und zu anderen. Man spielt eine Rolle, hält eine Illusion aufrecht, manchmal bewusst, oft auch unbewusst. Wie beim Aszendenten Waage kann auch hier nur schwer Nein gesagt werden, besonders wenn jemand um Hilfe bittet. Man neigt dazu, Menschen anzuziehen, die an einem ›kleben‹. Es macht Schwierigkeiten, für sich selbst einzutreten, und man ist eifersüchtig auf Menschen, die dies tun. Sehr nachgiebig. Hang zum Mystischen. Zu wenig Selbstdisziplin. Tief. Emsig und schüchtern. Bescheiden. Doch auch leidenschaftlich und künstlerisch. Kennzeichen: sehr menschlich und sehr liebevoll.

Der Skorpion und die 12 Mondzeichen

Mond in Skorpion & Sonne in Widder

Hier bietet sich die Chance und stellt sich die Aufgabe, mit tiefen, manchmal auch extremen Gefühlen klar zu kommen. Eine bessere Rückendeckung, ein tieferes Fundament können Sie in diesem Frühlingsanfang nicht bekommen. Eine erfahrene, lustvolle Lebensart, »gut gelaunt wie ein Pascha und boshaft wie ein Stachelschwein« (I. Calvino).

Gesundheit: Die Geschlechts- und die Ausscheidungsorgane, Kopf und Gesicht sind besonders zu achten und zu pflegen. Der Körper braucht und verbraucht Kohlehydrate und Flüssiges. Er nimmt Stärke und Zucker besonders auf. Es kommt jetzt nicht darauf an, dass Sie sich besonders um Ihre »Gesichtspflege«, um Ihr Image kümmern. Klären Sie Ihr Verlangen, das hilft Ihnen – persönlich und auch gesundheitlich – am meisten.

Natur: Der Frühlingsanfang bestimmt Ihre Sehnsucht. Noch einmal neu anfangen. Wie die Natur, Jahr für Jahr.

Beruf: Im Alten liegt bereits das Neue verborgen. Es gibt Dinge, Aufgaben und Chancen, die auf Sie warten. Die unbewussten Wünsche und Bedürfnisse spielen eine entscheidende Rolle. Vorsicht vor Illusionen und emotionalen »Kurzschlüssen«!

Familie: Ein angenehmes Klima in der Familie hängt jetzt vor allem davon ab, dass jedes Familienmitglied in der Umsetzung seiner Energien ermutigt wird. Versteht man es, auch unterschwellige Wünsche aufzugreifen und anzusprechen, erlebt man intensive Phasen!

Partnerschaft: Die Frühlingsgefühle bedeuten einen Ausbruch aus Erstarrung. Wundern Sie sich nicht über eine plötzliche Heftigkeit, die sich in heißen Liebesakten, in Hingabe oder Eifersucht, in Unzertrennlichkeit oder Streitigkeit, in Ausschweifung oder strikter Askese auswirken kann. Achten Sie auf die zugrundeliegenden Bedürfnisse!

Herausforderungen: Die richtige Konstellation um Neuland zu betreten. Die Erfüllung wichtiger Wünsche und die Aufhebung wichtiger Ängste ist nun das größte Abenteuer. Dabei erreichen wir den Gipfel des Glücks paradoxerweise, wenn wir *wunschlos glücklich* sind.

Alltag: Es ist nicht so leicht, sich zwischen den Klippen von verharrender Starrheit und ungestümer Ungeduld zu bewegen. Die richtige Zeit, um Wäsche zu waschen und den Haushalt in Ordnung zu bringen. Die richtige Konstellation zum Abwaschen und Aufwischen – aber auch zum Verwöhnen und Verführen.

Mond in Skorpion & Sonne in Stier

Diese Konstellation entspricht dem Skorpion-Vollmond. Sie wirkt sich prägend auf alles aus. Dabei begegnen uns vergleichsweise riesige Gefühle, immense seelische Bedürfnisse und Begierden. Die Gefahr besteht darin, dass man sich entweder damit identifiziert und sich dann fälschlicherweise selbst für einen Riesen hält oder dass man daran verzweifelt, weil man diese riesigen, sich permanent wandelnden Gefühle nicht in den Griff bekommt. Die Chance dieser Energien um den Vollmond besteht darin, sich seelisch und menschlich neu zu öffnen. Die Chance besteht insbesondere darin, zu vergeben und zu verzeihen und auch völlig fremdartige Gefühle zu akzeptieren bzw. kritisch anzuerkennen.

Gesundheit: Die Geschlechts- und die Ausscheidungsorgane, Hals und Mund sind hier besonders zu achten und zu pflegen!

Gesundheit und Wohlbefinden hängen hier erstaunlicherweise vor allem von (scheinbar) unmedizinischen Faktoren ab, nämlich davon, ob man im Beruf und im Privatleben seinen richtigen Platz gefunden hat. Klären Sie Ihr Verlangen. Der Körper braucht und verbraucht Kohlehydrate und Flüssiges. Er nimmt jetzt Stärke und Zucker besonders auf.

Natur: Den Garten pflegen, Außenanlagen

renovieren, auch im übertragenen Sinne gilt es, nach außen zu gehen, aber auch Zäune und Grenzen zu erneuern.

Beruf: Ein idealer Ausgangspunkt für die Vermögensplanung und vor allem für die Frage, welche Ziele und Zwecke für Sie sich im materiellen wie auch im ideellen Sinne wirklich lohnen. Die unbewussten Wünsche und Bedürfnisse spielen eine entscheidende Rolle.

Familie: Verwechseln Sie nicht die notwendige Versorgung und materielle Vorsorge mit lebendigen Erlebnissen und Ergebnissen, die allein für ein gutes Familienklima sorgen können. Versteht man es, auch tiefere Wünsche aufzugreifen und anzusprechen, erreicht man jetzt wesentlich mehr, als in vielen anderen Phasen!

Partnerschaft: Wundern Sie sich nicht über eine plötzliche Heftigkeit. Grenzen zu ziehen, Brücken zu bauen und unterschiedliche Standorte zu respektieren, ist nun notwendig.

Herausforderungen: Produktiv zu sein und gute Ergebnisse zu erzielen, stellt das große Abenteuer dar. Lohnenswert sind jetzt alle Arbeiten, die neben materiellen Vorteilen auch ideellen Wert versprechen.

Alltag: Machen Sie es sich jetzt bequem. Die richtige Konstellation, um Wäsche zu waschen und den Haushalt in Ordnung zu bringen – aber auch zum Verwöhnen und Verführen.

Mond in Skorpion & Sonne in Zwillinge

Hüten und schützen Sie sich jetzt vor halbherziger Vernünftelei, vor gedanklicher Beliebigkeit und geistigem Stückwerk. Nutzen Sie die Gunst der Stunde um vielfältige Informationen zu verarbeiten, Erfahrungen zu verstehen und dabei in wesentlich tiefere Schichten vorzudringen, als Sie bisher berührt haben. Die Zeit ist reif für ein größeres Liebesvermögen und einen neuen Mut aus innerer Kraft heraus für die täglichen Pflichten und Aufgaben.

Gesundheit: Die Geschlechts- und die Ausscheidungsorgane, die Schultern und die Lunge sind hier besonders zu beachten und zu pflegen. Gesundheit und Wohlbefinden hängen hier besonders davon ab, ob sich Kopf und Hand bziehungsweise Theorie und Praxis in Übereinstimmung befinden. Klären Sie Ihr Verlangen. Der Körper braucht und verbraucht Kohlehydrate und Flüssiges. Er nimmt jetzt Stärke und Zucker besonders auf.

Natur: Kräuter und Heilkräuter lassen sich besonders gut pflanzen und pflegen. Die Kunst des Blühens und Duftens ist Ihnen in die Wiege gelegt.

Beruf: Erfolg ist jetzt eine Frage der Schnelligkeit, und Schnelligkeit heißt hier vor allem

Zuverlässigkeit und Geschwindigkeit des Denkens. Wenn Sie die unterschwelligen Gefühle der Beteiligten verstehen, erreichen Sie Bedeutendes.
Familie: Eine glückliche Grundsituation, um auch unausgesprochene Wünsche aufzugreifen.
Partnerschaft: Distanz und Nähe, Gleichgültigkeit und Bewunderung sind hier Pole, die sich ergänzen, für eine besondere Spannung sorgen. Gefragt sind Konsequenz und Wahrhaftigkeit in Ihrer Beziehung.
Herausforderungen: Sich selber ganz einzubringen und den *Erfordernissen des Augenblicks* zu gehorchen, ist ein besonderes Glück und Abenteuer. Die Erfüllung wichtiger Wünsche und die Aufhebung wichtiger Ängste ist nun angesagt.
Alltag: Lassen Sie Ihre Beschwerden los und schreiben Sie (wieder) Liebesbriefe. Bringen Sie frische Luft und guten Duft in Ihre vier Wände! Die richtige Zeit zum Abwaschen und Aufwischen – und zum Verwöhnen und Verführen.

Mond in Skorpion & Sonne in Krebs

Tiefe Gefühle und uralte Instinkte kommen in der Zeit der Sommersonnenwende zur Geltung. Der Skorpion-Mond vergrößert die Intensität der Erfahrung und der dabei erlebten Extreme.

Sehr mächtige Gefühle, sehr verführerische Situationen und Begegnungen sind damit angezeigt. Dabei hilft es Ihnen, wenn Sie einen eigenen Kurs fahren und mit Witz und Akribie Ihre Gefühle sortieren. Berechtigte Ängste werden so von unberechtigten Sorgen getrennt, wichtige und wirklich wesentliche Wünsche von unwichtigen Wunschvorstellungen unterschieden. Ein großes Glück wird für Sie dadurch Wirklichkeit.
Gesundheit: Die Geschlechts- und die Ausscheidungsorgane, Brust und Bauch sind hier besonders zu beachten und zu pflegen.

Die Klärung von Wünschen und Ängsten führt zu einem *blühenden Seelenleben.* Klären Sie Ihr Verlangen; dies ist jetzt die wichtigste Gesundheitsvorsorge. Der Körper braucht und verbraucht Kohlehydrate und Flüssiges. Er nimmt Stärke und Zucker besonders auf.
Natur: Dies sei Ihr Lebensmotto: Wie die Erdbeeren – pflegen Sie Sinnlichkeit und Muße.
Beruf: Hier gewinnen Sie innere Ruhe und erneuten Kontakt zu Ihren Wurzeln. Die unbewussten Wünsche und Bedürfnisse spielen eine entscheidende Rolle. Versteht man sie, erreicht man enorme Resultate.
Familie: Urlaub und Ansammlung neuer Energien und seelischer Kräfte sind jetzt für die Familie und das Familienleben entscheidend. Gelingt es, auch unterschwellige Wünsche aufzugreifen

und anzusprechen, erreicht man jetzt wesentlich mehr, als in vielen anderen Phasen!

Partnerschaft: Eine heiße, mitunter heftige Phase in Ihrer Partnerschaft. Die richtige Zeit, um Egoismus und Selbstlosigkeit zu überwinden.

Herausforderungen: Zu lieben und immer wieder die Liebe als lebendiges, belebendes Gefühl zu spüren, ist jetzt angesagt. Probieren Sie es aus, *allen* Menschen, Dingen und Ereignissen in Liebe zu begegnen!

Alltag: Heimat ist nicht nur ein Ort, sondern auch ein Gefühl, eine seelische Qualität. Die richtige Konstellation zum Abwaschen und Aufwischen – aber auch zum Verwöhnen und Verführen.

Mond in Skorpion & Sonne in Löwe

Möglicherweise ist man in diesem Zeichen von sich selber allzu sehr eingenommen, oder man verstrickt sich in eine permanente Auseinandersetzung mit sich selber. Lassen Sie sich nicht zu einem verrückten Heldentum oder zu sinnlosen Ohnmachtsgefühlen verleiten. Die gute Nachricht für diese Konstellation: eine aktive, lebendige und lebensfrohe Grundstimmung, die Sie der eigenen Mitte näher bringt und ein gesundes Selbstbewusstsein stärkt.

Gesundheit: Die Geschlechts- und die Ausscheidungsorgane, Herz und Kreislauf stehen jetzt im Mittelpunkt. Klären Sie Ihr Verlangen. Die Lebenslust entscheidet. Der Körper braucht und verbraucht Kohlehydrate und Flüssiges. Er nimmt jetzt Stärke und Zucker besonders auf.

Natur: Garten, Wälder, Meer und Berge – wer jetzt nicht nach draußen geht, ist selber schuld.

Beruf: Bringen Sie Ihre Trümpfe ins Spiel. Die unbewussten Wünsche und Bedürfnisse spielen eine entscheidende Rolle. Werden sie nicht berücksichtigt, ist die Gefahr besonders groß, sich Illusionen auszusetzen.

Familie: Hier äußert sich, inwieweit Sie Ihren *ganzen* Willen berücksichtigen. Lassen Sie es nicht zu, dass Kinder und Karriere, Selbstverwirklichung und Zusammenleben als Alternativen gehandelt werden, die sich gegenseitig ausschließen würden.

Partnerschaft: Wildheit und Hingabe beflügeln die Liebe. Eine Hoch-Zeit für die Sexualität. Achten Sie auf die zugrundeliegenden Bedürfnisse!

Herausforderungen: Der sexuelle Höhepunkt ist auch ein Gleichnis dafür, wie wir *in jedem Bereich des Lebens* alle persönlichen Kräfte und Energien versammeln, konzentrieren und einsetzen können. Diese Lebensqualität, dieses Energieniveau ist nun spürbar.

Alltag: Eine günstige Phase zum Abwaschen und Aufwischen – aber auch zum Verwöhnen und Verführen. Die richtige Zeit für große Projekte und zugleich für spannende Spiele.

Mond in Skorpion & Sonne in Jungfrau

In diesem Zeichen geht es um Gewohnheiten und Sachzwänge. Dabei geht es um praktische Aufgaben, aber auch um die Kraft, die Gegebenheiten des Alltags von ihrer emotionalen und spirituellen Seite her zu erschließen.
Gesundheit: Die Geschlechts- und die Ausscheidungsorgane, der Darm, die Bauchspeicheldrüse und die gesamte Verdauung stehen hier besonders im Mittelpunkt. Das gilt für jede Art von »Nahrung«, besonders auch für Gefühle und die Seelennahrung. Klären Sie Ihr Verlangen. Der Körper braucht und verbraucht Kohlehydrate und Flüssiges. Er nimmt Stärke und Zucker besonders auf.
Natur: Ernten, danken, den Sommer genießen und verabschieden .... Verleihen Sie Ihrem Leben einen festlichen Charakter. Sorgen Sie für eine gute »Lebensernte«.
Beruf: Dies ist der richtige Rahmen, um mit konsequenten, kleinen Schritten auf große Lebensziele und Lebensaufgaben zuzugehen. Die unbe-

wussten Bedürfnisse spielen eine entscheidende Rolle. Versteht man es aber, auch unterschwellige Wünsche aufzugreifen und anzusprechen, erreicht man wesentlich mehr als üblich ...
Familie: ... das gilt auch im Familienleben: Kurz vor dem Herbstanfang fanden schon in der Antike große Einweihungsfeste statt. (Zum Beispiel sollen etwa am 19.9. die berühmten eleusinischen Mysterien begonnen haben.) Worin auch immer das Leben Sie eingeweiht hat und einweihen wird, die größte Frage und die größte Antwort ist – die Liebe.
Partnerschaft: *Liebe in jeder Beziehung* ist Voraussetzung und Ergebnis einer optimalen Förderung aller wichtigen persönlichen Bedürfnisse und Talente. Wundern Sie sich nicht über eine plötzliche Heftigkeit der Gefühle.
Herausforderungen: »Wer nicht begehrt, lebt verkehrt.« Dabei erreichen wir den Gipfel des Glücks witzigerweise, wenn wir *wunschlos glücklich* sind.
Alltag: Die richtige Zeit, um Wäsche zu waschen und den Haushalt in Ordnung zu bringen – aber auch zum Verwöhnen und Verführen. Tun Sie, was notwendig ist.

Mond in Skorpion & Sonne in Waage

Eine wunderbare Gelegenheit, Gefühle und Gedanken zu filtern und zu sortieren. Dadurch entsteht die Fähigkeit, sich seelisch abzugrenzen, ohne sogleich das »Kind mit dem Bade auszuschütten«.

Gesundheit: Die Geschlechts- und die Ausscheidungsorgane, Niere und Blase sind hier besonders zu beachten und zu pflegen. Hier geht es um das innere Gleichgewicht, um Gradlinigkeit und Aufrichtigkeit. Klären Sie Ihr Verlangen. Der Körper braucht und verbraucht Kohlehydrate und Flüssiges. Er nimmt jetzt Stärke und Zucker besonders auf.

Natur: Der Herbstanfang ist eine Zeit des Umschaltens. Was fehlt noch in Ihrem Leben? Diese Frage wird Sie begleiten und zu Ihnen führen.

Beruf: Rufen Sie sich Ihre Ziele in Erinnerung, die Sie sich für das laufende Kalenderjahr gestellt haben und stellen Sie jetzt für das letzte Viertel die Weichen neu. Auch unbewusste Wünsche und Bedürfnisse spielen eine entscheidende Rolle.

Familie: »Man sieht nur mit dem Herzen gut« (Antoine de Saint-Exupéry). Halten Sie sich jetzt nicht an vordergründigen Ansichten auf. Schauen Sie tiefer. Denken Sie weiter.

Partnerschaft: Finden Sie heraus, was Ihr Herz begehrt, was Sie und Ihre Mitmenschen wirklich wollen und benötigen.
Herausforderungen: Auch Sie haben gewisse vage, extravagante Wünsche! Die Erfüllung wichtiger Wünsche und die Aufhebung gewichtiger Ängste ist nun das größte Abenteuer.
Alltag: Sorgen Sie für Zeiten und Zonen wirklicher Zufriedenheit und Entspannung!

Mond in Skorpion & Sonne in Skorpion

Vielleicht ähnlich wie beim Krebs-Neumond, so kann es mit diesen Energien um den Skorpion-Neumond geschehen, dass man seelisch *schwarz* sieht. Eine vorhandene Niedergeschlagenheit wird womöglich jetzt noch stärker empfunden. Und so empfiehlt es sich zunächst, sich um Hilfe zu bemühen oder einfach zwei bis drei Tage abzuwarten, bis der Mond wieder in einem anderen Zeichen steht. Im Grunde aber geht es jetzt um *unbekannte* Seelenbereiche.
Gesundheit: Die Geschlechts- und die Ausscheidungsorgane sind hier besonders zu beachten und zu pflegen. Positive wie negative Einflüsse wirken hier verstärkt. Hier werden Scham- und Tabubereiche berührt. Hier ist es gleichsam eine gesundheitliche Pflicht, sich um seine Leiden-

schaften zu kümmern. Klären Sie Ihr Verlangen. Der Körper braucht und verbraucht Kohlehydrate und Flüssiges. Er nimmt jetzt Stärke und Zucker besonders auf.

Natur: Eine Konstellation der Ruhe und der inneren Sammlung. Eine Lebensweise vertiefter Lebensfreude und intensivierten Lebensgenusses.

Beruf: Die unbewussten Wünsche und Bedürfnisse spielen eine entscheidende Rolle. Werden sie nicht berücksichtigt, ist die Gefahr besonders groß, sich Illusionen auszusetzen: loslassen, um zu ernten!

Familie: Welche Früchte sind jetzt reif? Welche Ergebnisse fehlen Ihnen noch ? Was passt nicht mehr zu Ihnen? Und wie können Sie Ihren Wünschen Nachdruck verleihen? Versteht man es, auch unterschwellige Wünsche aufzugreifen und anzusprechen, bewirkt man jetzt wesentlich mehr, als in vielen anderen Phasen!

Partnerschaft: Wundern Sie sich nicht über eine plötzliche Heftigkeit, die sich in heißen Liebesakten, in Hingabe oder Eifersucht, in Unzertrennlichkeit oder Streitigkeit, in Ausschweifung oder strikter Askese auswirken kann.

Herausforderungen: Gefühle, die sonst zu kurz kommen, können jetzt besonders berücksichtigt und ausgedrückt werden. Das können Trauer, Wut, Reue, Rachegefühle und vieles andere mehr sein. Darunter auch unbekannte Sehnsüchte, unvermutete Liebesempfindungen ...

Alltag: ... und neue Kraft und Begeisterung für die täglichen Aufgaben, Pflichten und Erlebnisse.

Mond in Skorpion & Sonne in Schütze

Der Pfeil des Schützen soll ins Schwarze treffen! Wo es am dunkelsten ist, wird am meisten Licht gebraucht. Und dies bezieht sich auch auf unbekannte, tiefe und schwer zugängliche Gefühle. Die ideale Konstellation, um zu den eigenen *Gründen* und wahren Motiven zu gelangen.

Gesundheit: Die Geschlechts- und die Ausscheidungsorgane, die Lenden und die Oberschenkel sind nun besonders zu beachten und zu pflegen. Sie haben viel Feuer und wie Sie Ihre Triebe und Energien tagtäglich einsetzen, bestimmt Ihr Wohlbefinden. Klären Sie Ihr Verlangen. Der Körper braucht und verbraucht Kohlehydrate und Flüssiges. Er nimmt jetzt Stärke und Zucker besonders auf.

Natur: Jetzt wird es Zeit, einen »Wunschzettel« zu schreiben und zu realisieren. Dies bezieht sich jetzt auf alle Lebensaspekte – drinnen wie draußen.

Beruf: Der gewünschte Erfolg ist jetzt vor allem

eine Frage der Bildung, der Erkenntnis auch verwickelter Zusammenhänge und – nicht zuletzt – eine Frage der Persönlichkeit!

Familie: Kümmern Sie sich um die vorhandenen Rätsel, um Wünsche und Ängste, auch wenn sie noch undeutlich oder dunkel sind ...

Partnerschaft: Viele Wünsche scheitern nicht am Mut zum Neuen, sondern am mangelnden Abschied vom Alten. Wundern Sie sich nicht über eine plötzliche Dringlichkeit.

Herausforderungen: Es geht jetzt darum, die eigenen Wünsche zum roten Faden zu machen und einen eigenen Lebensentwurf zu vertreten. Vorsicht vor illusorischen Absichten – und vor fantasielosen Plänen.

Alltag: Streichen Sie unrealistische Zielvorgaben und Projekte. Und steigern Sie Ihren Einsatz für die Dinge, die Sie in diesem Jahr noch unter Dach und Fach bringen wollen.

Mond in Skorpion & Sonne in Steinbock

Der richtige Rahmen für eine Erneuerung von Liebe und Verständnis. Die Weihnachtszeit ermuntert Sie, als Erwachsener wieder Kind zu sein. Dabei geht es darum, das innere Kind zu erhören und Wünsche nachträglich zu erfüllen, die in der eigenen Kindheit versagt geblieben sind. Viel weiter führt es jedoch, »wieder« Kind zu werden und noch einmal neu anzufangen. Dieser Akt wird die »zweite Geburt« genannt. Deren Bedeutung besteht darin, dass Sie sich als Erwachsene/r ein zweites Mal, und diesmal *selber,* ins Leben rufen. Wille und Bewusstsein bestimmen die großen und die kleine Dinge des persönlichen Lebens anstelle von Gewohnheit und Wiederholung.

Gesundheit: Die Geschlechts- und die Ausscheidungsorgane, die Knochen und die Knie stehen nun besonders im Mittelpunkt. Hier zeigt sich, dass die Frage nach dem Sinn im (eigenen) Leben ein Garant für langfristiges Wohlergehen ist. Klären Sie Ihr Verlangen. Der Körper braucht und verbraucht Kohlehydrate und Flüssiges. Er nimmt jetzt Stärke und Zucker besonders auf.

Natur: Gehen Sie nach draußen, genießen Sie die Kargheit und die große Weite der Natur und betrachten Sie die Unendlichkeit des Kosmos ...

Beruf: Wenn Sie für sich selber Bilanz ziehen, werden Sie in dieser Zeit ausgesprochen erfolgreich operieren. Versteht man es, auch wenig beachtete Wünsche aufzugreifen und anzusprechen, erreicht man Spitzenergebnisse.

Familie: Weihnachten gilt als Fest der Familie und als Fest der Kinder. Dennoch erscheint es wichtig, nicht nur nostalgische Rückschau zu halten. Stellen Sie bewusst die Weichen dafür, als Erwachsener auf neue, bewusste Art »Kind«

zu werden und zu sein. Geben Sie auch wortlosen Gefühlen eine Chance!
Partnerschaft: Welche (persönlichen) Werte haben sich bewährt und welche nicht? Welche Begabungen und welche Einschränkungen sind jetzt neu zu berücksichtigen? Rechnen Sie auch mit einer plötzlichen Heftigkeit der Emotionen.
Herausforderungen: Es gibt unsinnige Tabus, die Sie für Ihr Leben unbedingt abschaffen sollten! Und es gibt fehlende Tabus, die dringend nötig sind und die Sie in Ihrem Leben unbedingt einführen sollten!
Alltag: Räumen Sie auf, und werfen Sie Unnötiges und Überholtes buchstäblich aus Ihrem Haus heraus. Die richtige Zeit zum Abwaschen und Aufwischen – *und* zum Verwöhnen und Verführen. Bringen Sie Feuer und Farbe, Dynamik und Begeisterung in unbekannte Bereiche Ihres Daseins.

Mond in Skorpion & Sonne in Wassermann

Hier begegnen wir zwei völlig verschiedenen Arten davon, wunschlos glücklich zu sein. Die eine besteht darin, keine Wünsche zu kennen. Die andere darin, Wünsche und Ängste soweit aufgehoben zu haben, dass keine wesentlichen Wünsche mehr unerfüllt und keine wesentlichen

Ängste noch unerledigt geblieben sind. Für diesen Prozess der positiven Aufhebung von Wünschen und Ängsten ist diese Phase der richtige Zeitpunkt.

Gesundheit: Die Geschlechts- und die Ausscheidungsorgane, Unterschenkel und Sprunggelenke sind nun besonders zu beachten und zu pflegen. Gesundheitsvorsorge besteht hier darin, sich auch um die Dinge zu kümmern, die man *nicht* weiß. Klären Sie Ihr Verlangen, achten Sie auf Ahnungen, Empfindungen und Träume. Der Körper (ver-)braucht Kohlehydrate und Flüssiges. Er nimmt jetzt Stärke und Zucker besonders auf.

Natur: Die Befreiung aus zwanghaften Naturgewalten gilt allgemein als eine der typischen Wassermann-Qualitäten. Wichtig ist zu beachten, dass wir die Natur nicht vergessen, sondern Natur und Geist zu einem lebendigen Bewusstsein vereinen. Wie es in einem Volkslied heißt: Da schlummern Bäche und tiefe Seen unter dem Eis. Auch in der eigenen Person.

Beruf: Eine ideale Konstellation für Jahrespläne, Jahreskonferenzen und Jahresabschlüsse. Die unbewussten Wünsche und Bedürfnisse spielen dabei eine entscheidende Rolle. Wenn Sie sie berücksichtigen, können Sie sich besonders profilieren.

Familie: Warum nicht einmal die Rollen in der

Familie tauschen? Die fünfte Jahreszeit des Karnevals und Faschings ist auch eine Zeit der Veränderung und der Überraschung.
Partnerschaft: »Ich kann meine Träume nicht entlassen. Ich schulde ihnen noch mein Leben« (Frederike Frei).
Herausforderungen: »Was ich schon immer von mir wissen wollte und was mir niemand anders sagen kann?!« Die Erfüllung wichtiger Wünsche und die Aufhebung wichtiger Ängste ist nun das größte Abenteuer.
Alltag: Organisieren Sie großzügig und konsequent. Die richtige Einstellung macht es leicht, Wäsche zu waschen und den Haushalt in Ordnung zu bringen – aber auch zu verwöhnen und zu verführen.

Mond in Skorpion & Sonne in Fische

So viele Gefühle und so viele Gedanken und Auseinandersetzungen ... machen Sie Ihren Frieden mit »Gott«. Prüfen Sie Ihren Glauben, trennen Sie sich von ungläubigen oder beliebigen Glaubensvorstellungen.
Gesundheit: Die Geschlechts- und die Ausscheidungsorgane sowie die Füße sind hier besonders angesprochen. Damit sind auch der eigene Standpunkt, persönliche Grundwerte und

Grundüberzeugungen angesprochen. Klären Sie Ihr Verlangen. Der Körper braucht und verbraucht Kohlehydrate und Flüssiges. Er nimmt jetzt Stärke und Zucker besonders auf.

Natur: Konstellation der Umgestaltung. Die kleine Blume, die sich ihren Weg durch den Asphalt bahnt.

Beruf: Meditation und Marktbeobachtung sind keine Gegensätze mehr, die sich ausschließen. Die unbewussten Wünsche und Bedürfnisse spielen eine entscheidende Rolle. Versteht man sie, ergeben sich lukrative neue Abschlüsse!

Familie: Jetzt ist es gut möglich, den eigenen Gefühlen mehr zuzutrauen, den persönlichen Glauben weiterzutreiben, als sonst üblich. Das gleiche dürfen Sie auch von den Menschen in Ihrer Umgebung erwarten.

Partnerschaft: Nach allgemeiner Auffassung ist die Venus, die Göttin der Liebe, im Zeichen der Fische erhöht, d.h. besonders wirkungsvoll! Nutzen Sie diese Zeit. Genießen Sie den Reichtum der Gefühle und die Intensität des Verlangens!

Herausforderungen: Fasten- und Einkehrtage tun jetzt besonders gut. Verzichten Sie auf Überflüssiges. Sorgen Sie für reichlich fließende Gefühle, für eine *überfließende* Seele!

Alltag: Wieder ist es Zeit für einen Frühjahrsputz. Nicht zuletzt im Haushalt der Gefühle. Lassen Sie »es« fließen!

Das Beste zum Schluss

Zum Skorpion gehört das Thema *Tod*. Ob nun durch die jahreszeitlichen Feiertage oder durch manche traditionelle Darstellung, die den Skorpion mit dem »Gevatter Tod« zeigt! Oft wird in Kommentaren dazu nur die *zerstörerische* Arbeit dieses Sensenmanns hervorgehoben. Daraus ziehen diese Kommentare meist die Konsequenz, sich im *Loslassen* zu üben. Aber dies allein ist eine ungenügende, einseitige Betrachtungsweise. »Der Sensenmann will auch ernten! Er zerstört nicht nur. Er schafft auch Platz für Neues. Er will Früchte nach Hause tragen. Das ist der Beruf des Schnitters« (E. Bürger/J. Fiebig).

Jede/r ist einmalig!

Loslassen bedeutet für den Skorpion »Stirb und werde«. Es geht ihm nicht ums Loslassen aus generellen Verzichtsgründen, sondern im Gegenteil um sein Begehren! Er will loslassen, um zu ernten.

Wenn ein Leben Früchte tragen soll, muss im passenden Rhythmus das Nötige für die gewünschte Ernte getan werden. Bis hin zur ständigen und zur letzten großen Aufgabe, die Ergebnisse eines Lebens für die Zukunft verwertbar zu machen.

Ausgerechnet die Thematik des Skorpions macht damit in schöner Weise klar, dass es weder darum geht, den Tod zu verdrängen, noch darum, sich ihm auszuliefern. Vielmehr geht es um die Berufung zur persönlichen Freiheit und zur Fruchtbarkeit eines Lebens, das sich im doppelten Sinne des Wortes seiner Einmaligkeit bewusst wird!

In diesem Sinne sollten wir alle Skorpione sein!

Anhang

So bestimmen Sie Aszendent und Mondzeichen

Zeichenerklärung

♈	Widder	♎	Waage
♉	Stier	♏	Skorpion
♊	Zwillinge	♐	Schütze
♋	Krebs	♑	Steinbock
♌	Löwe	♒	Wassermann
♍	Jungfrau	♓	Fische

Gebrauchsanweisung zu den Tabellen

Um den Aszendenten festzustellen, sieht man in der Tabelle beim Geburtstag nach. Dort findet man in der 2. Spalte, unter Zeit, eine Zeitangabe. Diese Zeitangabe zählt man zur Geburtszeit (Stunde plus Minuten) hinzu.

Dann sucht man in der Städtetafel (S. 88) die Stadt auf, die dem Geburtsort am nächsten liegt, und zieht die dort angegebenen Minuten bei – ab oder zählt sie bei + hinzu, und merke sich den Breitengrad.

Kommt eine Zeit von über 24 Stunden heraus, so muss man 24 Stunden abziehen. Diese Zeitangabe sucht man in der Spalte Zeit auf. Trifft

die Zeit nicht exakt zu, dann benutzt man die nächstliegende nach oben oder unten.
Man liest den dazugehörenden Aszendenten unter dem richtigen Breitengrad ab und beachtet auch das dazugehörige Tierkreiszeichen (siehe Zeichenerklärung).
Bei Sommerzeit (S. 89) muß man eine Stunde von der Geburtszeit abziehen.

Beispiel:

Welcher Aszendent herrscht am 3. Mai um 12.10 Uhr in München?

Zeit am 3. Mai	=		14 Std. 44 Min.
Zeit des Ereignisses	=	+	12 Std. 10 Min.
			26 Std. 54 Min.
München 48° – 14 Min. =		–	14 Min.
			26 Std. 40 Min.
da über 24 Stunden		–	24 Std.
Ergebnis			2 Std. 40 Min.

Diese Zeit schlagen wir nun in der Tabelle unter Zeit nach und finden unter 48° (dem Breitengrad von München) den Aszendenten Löwe vor (23. Grad Löwe).

Der zugehörige Aszendent ist Löwe!

Januar

Tag	Zeit	Aszendent 46°	48°	50°	52°	54°
1	6.40	7 ♎	7 ♎	7 ♎	7 ♎	6 ♎
2	6.44	8	8	7	7	7
3	6.48	9	8	8	8	8
4	6.52	9	9	9	9	8
5	6.56	10	10	10	9	9
6	7.00	11	11	10	10	10
7	7.04	12	11	11	11	10
8	7.08	12	12	12	11	11
9	7.12	13	13	12	12	12
10	7.16	14	13	13	13	13
11	7.20	15	14	14	14	13
12	7.24	15	15	15	14	14
13	7.28	16	16	16	15	14
14	7.32	17	16	16	16	15
15	7.36	18	17	17	16	16
16	7.40	18	18	18	17	17
17	7.44	19	19	18	18	17
18	7.48	20	19	19	18	18
19	7.52	21	20	20	19	19
20	7.56	21	21	20	20	19
21	8.00	22	22	21	20	20
22	8.04	23	22	22	21	21
23	8.08	24	23	22	22	21
24	8.12	24	24	23	23	22
25	8.16	25	24	24	23	23
26	8.20	26	25	25	24	23
27	8.24	26	26	25	25	24
28	8.28	27	27	26	25	25
29	8.32	28	27	27	26	25
30	8.36	29	28	27	27	26
31	8.40	29	29	28	27	27

Februar

Tag	Zeit	Aszendent 46°	48°	50°	52°	54°
1	8.43	0 ♏	0 ♏	29 ♎	28 ♎	27 ♎
2	8.47	1	0	0 ♏	29	28
3	8.51	2	1	0	0 ♏	29
4	8.55	2	2	1	0	29
5	8.59	3	2	2	1	0 ♏
6	9.03	4	3	2	2	1
7	9.07	5	4	3	2	2
8	9.11	5	5	4	3	2
9	9.15	6	5	5	4	3
10	9.19	7	6	5	4	4
11	9.23	8	7	6	5	4
12	9.27	8	8	7	6	5
13	9.31	9	8	7	7	6
14	9.35	10	9	8	7	6
15	9.39	11	10	9	8	7
16	9.43	11	10	10	9	8
17	9.47	12	11	10	9	8
18	9.51	13	12	11	10	9
19	9.55	14	12	12	11	10
20	9.59	14	13	12	11	10
21	10.03	15	14	13	12	11
22	10.07	16	15	14	13	12
23	10.11	17	15	15	13	12
24	10.15	17	16	15	14	13
25	10.19	18	17	16	15	14
26	10.23	19	18	17	16	14
27	10.27	20	19	17	16	15
28	10.31	20	19	18	17	16

März

Tag	Zeit	Aszendent 46°	48°	50°	52°	54°
1	10.34	21♏	20♏	19♏	17♏	16♏
2	10.38	22	20	19	18	17
3	10.42	22	21	20	19	17
4	10.46	23	22	21	19	18
5	10.50	24	23	21	20	19
6	10.54	25	23	22	21	20
7	10.58	25	24	23	22	20
8	11.02	26	25	24	22	21
9	11.06	27	26	24	23	22
10	11.10	28	26	25	24	22
11	11.14	28	27	26	24	23
12	11.18	29	28	27	25	24
13	11.22	0♐	29	27	26	24
14	11.26	1	29	28	27	25
15	11.30	1	0♐	29	27	26
16	11.34	2	1	29	28	26
17	11.38	3	2	0♐	29	27
18	11.42	4	2	1	29	28
19	11.46	4	3	2	0♐	28
20	11.50	5	4	2	1	29
21	11.54	6	5	3	2	0♐
22	11.58	7	5	4	2	1
23	12.02	8	6	5	3	1
24	12.06	8	7	5	4	2
25	12.10	9	8	6	4	3
26	12.14	10	8	7	5	4
27	12.18	11	9	8	6	4
28	12.22	12	10	8	7	5
29	12.26	12	11	9	7	6
30	12.30	13	12	10	8	6
31	12.34	14	12	11	9	7

April

Tag	Zeit	Aszendent 46°	48°	50°	52°	54°
1	12.37	15♐	13♐	11♐	9♐	8♐
2	12.41	15	14	12	10	8
3	12.45	16	15	13	11	9
4	12.49	17	15	14	12	10
5	12.53	18	16	14	12	10
6	12.57	19	17	15	13	11
7	13.01	20	18	16	14	12
8	13.05	20	19	17	15	13
9	13.09	21	19	18	16	13
10	13.13	22	20	18	16	14
11	13.17	23	21	19	17	15
12	13.21	24	22	20	18	16
13	13.25	25	23	21	19	17
14	13.29	26	24	22	20	17
15	13.33	26	25	23	20	18
16	13.37	27	25	23	21	19
17	13.41	28	26	24	22	20
18	13.45	29	27	25	23	21
19	13.49	0♑	28	26	24	21
20	13.53	1	29	27	25	22
21	13.57	2	0♑	28	26	23
22	14.01	3	1	29	26	24
23	14.05	4	2	0♑	27	25
24	14.09	5	3	1	28	26
25	14.13	6	4	1	29	26
26	14.17	7	5	2	0♑	27
27	14.21	8	6	3	1	28
28	14.25	9	7	4	2	29
29	14.29	10	8	5	3	0♑
30	14.33	11	9	6	4	1

Mai

Tag	Zeit	Aszendent				
		46°	48°	50°	52°	54°
1	14.36	12♑	9♑	7♑	5♑	2♑
2	14.40	13	10	8	6	3
3	14.44	14	11	9	7	4
4	14.48	15	13	10	8	5
5	14.52	16	14	11	9	6
6	14.56	17	15	12	10	7
7	15.00	18	16	13	11	8
8	15.04	19	17	14	12	9
9	15.08	20	18	16	13	10
10	15.12	21	19	17	14	11
11	15.16	23	20	18	15	12
12	15.20	24	22	19	16	13
13	15.24	25	23	20	17	14
14	15.28	26	24	22	19	15
15	15.32	28	25	23	20	17
16	15.36	29	27	24	21	18
17	15.40	0♒	28	25	22	19
18	15.44	1	29	27	24	20
19	15.48	3	1♒	28	25	22
20	15.52	4	2	29	26	23
21	15.56	6	3	1♒	28	24
22	16.00	7	5	2	29	26
23	16.04	8	6	4	1♒	27
24	16.08	10	8	5	2	29
25	16.12	11	9	7	4	0♒
26	16.16	13	11	8	5	2
27	16.20	14	12	10	7	3
28	16.24	16	14	11	8	5
29	16.28	17	15	13	10	7
30	16.32	19	17	15	12	8
31	16.36	21	19	16	14	10

Juni

Tag	Zeit	Aszendent				
		46°	48°	50°	52°	54°
1	16.38	21♒	19♒	17♒	14♒	11♒
2	16.42	23	21	19	16	13
3	16.46	24	23	20	18	14
4	16.50	26	24	22	20	16
5	16.54	28	26	24	22	18
6	16.58	0♓	28	26	24	20
7	17.02	1	0♓	28	26	23
8	17.06	3	2	0♓	28	25
9	17.10	5	4	2	0♓	27
10	17.14	7	5	4	2	29
11	17.18	9	7	6	4	2♓
12	17.22	11	9	8	6	4
13	17.26	12	11	10	8	6
14	17.30	14	13	12	11	9
15	17.34	16	15	14	13	11
16	17.38	18	17	17	15	14
17	17.42	20	20	19	18	17
18	17.46	22	22	21	20	19
19	17.50	24	24	23	23	22
20	17.54	26	26	25	25	25
21	17.58	28	28	28	28	27
22	18.02	0♈	0♈	0♈	0♈	0♈
23	18.06	2	2	2	2	3
24	18.10	4	4	5	5	5
25	18.14	6	6	7	7	8
26	18.18	8	8	9	9	11
27	18.22	10	10	11	12	13
28	18.26	12	13	13	15	16
29	18.30	14	15	15	17	19
30	18.34	16	17	18	19	21

Juli

Tag	Zeit	Aszendent 46°	48°	50°	52°	54°
1	18.36	17♈	18♈	19♈	21♈	23♈
2	18.40	19	20	22	23	26
3	18.44	21	22	24	25	28
4	18.48	23	24	26	28	0♉
5	18.52	25	26	28	0♉	3
6	18.56	26	28	0♉	2	5
7	19.00	28	0♉	2	4	7
8	19.04	0♉	2	4	6	9
9	19.08	2	3	5	8	11
10	19.12	3	5	7	10	13
11	19.16	5	7	9	12	15
12	19.20	7	9	11	14	17
13	19.24	8	10	13	15	19
14	19.28	10	12	14	17	21
15	19.32	12	14	16	19	22
16	19.36	13	15	18	21	24
17	19.40	15	17	19	22	26
18	19.44	16	18	21	24	27
19	19.48	18	20	22	25	29
20	19.52	19	21	24	27	0♊
21	19.56	21	23	25	28	2
22	20.00	22	24	27	0♊	3
23	20.04	23	26	28	1	5
24	20.08	25	27	0♊	3	6
25	20.12	26	28	1	4	7
26	20.16	28	0♊	2	5	9
27	20.20	29	1	4	7	10
28	20.24	0♊	2	5	8	11
29	20.28	1	4	6	9	12
30	20.32	3	5	7	10	14
31	20.36	4	6	9	12	15

August

Tag	Zeit	Aszendent 46°	48°	50°	52°	54°
1	20.38	4♊	7♊	9♊	12♊	15♊
2	20.42	6	8	10	13	16
3	20.46	7	9	12	14	17
4	20.50	8	10	13	16	18
5	20.54	9	11	14	17	19
6	20.58	10	13	15	18	20
7	21.02	11	14	16	19	21
8	21.06	13	15	17	20	22
9	21.10	14	16	18	21	23
10	21.14	15	17	19	22	24
11	21.18	16	18	20	23	25
12	21.22	17	19	21	24	26
13	21.26	18	20	22	25	27
14	21.30	19	21	23	26	28
15	21.34	20	22	24	27	29
16	21.38	21	23	25	28	0♋
17	21.42	22	24	26	29	1
18	21.46	23	25	27	0♋	2
19	21.50	24	26	28	1	3
20	21.54	25	27	29	2	4
21	21.58	26	28	0♋	2	5
22	22.02	27	29	1	3	6
23	22.06	28	0♋	2	4	7
24	22.10	29	1	3	5	8
25	22.14	0♋	2	4	6	8
26	22.18	1	3	5	7	9
27	22.22	2	3	5	8	10
28	22.26	2	4	6	8	11
29	22.30	3	5	7	9	12
30	22.34	4	6	8	10	12
31	22.38	5	7	9	11	13

September

Tag	Zeit	Aszendent 46°	48°	50°	52°	54°
1	22.40	5♋	7♋	9♋	11♋	13♋
2	22.44	6	8	10	12	14
3	22.48	7	9	11	13	15
4	22.52	8	10	12	14	16
5	22.56	9	11	12	14	17
6	23.00	10	11	13	15	17
7	23.04	11	12	14	16	18
8	23.08	11	13	15	17	19
9	23.12	12	14	16	18	20
10	23.16	13	15	16	18	20
11	23.20	14	16	17	19	21
12	23.24	15	16	18	20	22
13	23.28	16	17	19	21	22
14	23.32	16	18	20	21	23
15	23.36	17	19	20	22	24
16	23.40	18	19	21	23	25
17	23.44	19	20	22	24	25
18	23.48	20	21	23	24	26
19	23.52	20	22	23	25	27
20	23.56	21	23	24	26	27
21	24.00	22	23	25	26	28
22	0.04	23	24	26	27	29
23	0.08	23	25	26	28	0♌
24	0.12	24	26	27	29	0
25	0.16	25	26	28	29	1
26	0.20	26	27	29	0♌	2
27	0.24	27	28	29	1	2
28	0.28	27	29	0♌	2	3
29	0.32	28	29	1	2	4
30	0.36	29	0♌	2	3	4

Oktober

Tag	Zeit	Aszendent 46°	48°	50°	52°	54°
1	0.38	29♋	1♌	2♌	3♌	5♌
2	0.42	0♌	1	3	4	6
3	0.46	1	2	3	5	6
4	0.50	2	3	4	6	7
5	0.54	2	4	5	6	8
6	0.58	3	4	6	7	8
7	1.02	4	5	6	8	9
8	1.06	5	6	7	8	10
9	1.10	5	7	8	9	10
10	1.14	6	7	9	10	11
11	1.18	7	8	9	11	12
12	1.22	8	9	10	11	13
13	1.26	8	10	11	12	13
14	1.30	9	10	11	13	14
15	1.34	10	11	12	13	15
16	1.38	11	12	13	14	15
17	1.42	11	12	14	15	16
18	1.46	12	13	14	15	17
19	1.50	13	14	15	16	17
20	1.54	14	15	16	17	18
21	1.58	14	15	16	17	19
22	2.02	15	16	17	18	19
23	2.06	16	17	18	19	20
24	2.10	17	18	19	20	21
25	2.14	17	18	19	20	21
26	2.18	18	19	20	21	22
27	2.22	19	20	21	22	23
28	2.26	20	20	21	22	23
29	2.30	20	21	22	23	24
30	2.34	21	22	23	24	25
31	2.38	22	23	24	24	25

November

Tag	Zeit	Aszendent				
		46°	48°	50°	52°	54°
1	2.40	22♌	23♌	24♌	25♌	26♌
2	2.44	23	24	24	25	26
3	2.48	24	24	25	26	27
4	2.52	24	25	26	27	28
5	2.56	25	26	27	27	28
6	3.00	26	27	27	28	29
7	3.04	27	27	28	29	0♍
8	3.08	27	28	29	29	0
9	3.12	28	29	29	0♍	1
10	3.16	29	29	0♍	1	2
11	3.20	0♍	0♍	1	2	2
12	3.24	0	1	2	2	3
13	3.28	1	2	2	3	4
14	3.32	2	2	3	4	4
15	3.36	3	3	4	4	5
16	3.40	3	4	4	5	6
17	3.44	4	5	5	6	6
18	3.48	5	5	6	6	7
19	3.52	5	6	7	7	8
20	3.56	6	7	7	8	8
21	4.00	7	7	8	9	9
22	4.04	8	8	9	9	10
23	4.08	8	9	9	10	10
24	4.12	9	10	10	11	11
25	4.16	10	10	11	11	12
26	4.20	11	11	12	12	12
27	4.24	11	12	12	13	13
28	4.28	12	13	13	13	14
29	4.32	13	13	14	14	15
30	4.36	14	14	14	15	15

Dezember

Tag	Zeit	Aszendent				
		46°	48°	50°	52°	54°
1	4.38	14♍	15♍	15♍	15♍	16♍
2	4.42	15	15	16	16	16
3	4.46	16	16	16	17	17
4	4.50	16	17	17	17	18
5	4.54	17	18	18	18	18
6	4.58	18	18	19	19	19
7	5.02	19	19	19	19	20
8	5.06	19	20	20	20	20
9	5.10	20	20	21	21	21
10	5.14	21	21	21	22	22
11	5.18	22	22	22	22	22
12	5.22	22	23	23	23	23
13	5.26	23	23	24	24	24
14	5.30	24	24	24	24	25
15	5.34	25	25	25	25	25
16	5.38	25	26	26	26	26
17	5.42	26	26	26	26	27
18	5.46	27	27	27	27	27
19	5.50	28	28	28	28	28
20	5.54	28	29	29	29	29
21	5.58	29	29	29	29	29
22	6.02	1♎	1♎	1♎	1♎	1♎
23	6.06	1	1	1	1	1
24	6.10	2	1	1	1	1
25	6.14	2	2	2	2	2
26	6.18	3	3	3	3	3
27	6.22	4	4	4	4	3
28	6.26	5	4	4	4	4
29	6.30	5	5	5	5	5
30	6.34	6	6	6	6	5
31	6.38	7	7	6	6	6

Städtetafel

Stadt	Breitengrad	Minuten	Stadtt	Breitengrad	Minuten	Stadt	Breitengrad	Minuten
Aachen	50	– 36	Genf	46	– 35	Münster	52	– 29
Amsterdam	52	– 40	Gießen	50	– 25	Nürnberg	50	– 16
Augsburg	48	– 16	Görlitz	52	—	Oberhausen	52	– 33
Baden-Baden	48	– 27	Göttingen	52	– 20	Oberstdorf	48	– 19
Basel	48	– 30	Graz	48	+ 2	Oldenburg	54	– 27
Berlin	52	– 6	Hamburg	54	– 20	Osnabrück	52	– 28
Bern	46	– 30	Hannover	52	– 21	Paderborn	52	– 25
Bielefeld	52	– 26	Heidelberg	50	– 25	Paris	48	– 51
Bochum	52	– 31	Helgoland	54	– 28	Passau	48	– 6
Bonn	50	– 32	Hildesheim	52	– 20	Prag	50	– 2
Bozen	46	– 15	Hof	50	– 12	Regensburg	50	– 12
Braunschweig	52	– 18	Husum	54	– 28	Rostock	54	– 11
Bregenz	48	– 20	Iglau	50	+ 2	Saarbrücken	50	– 32
Bremen	54	– 24	Ingolstadt	48	– 14	Salzburg	48	– 8
Breslau	52	+ 8	Innsbruck	48	– 14	Straßburg	48	– 29
Brünn	50	+ 6	Kaiserslautern	50	– 29	Stuttgart	48	– 23
Brüssel	50	– 43	Karlsruhe	50	– 26	Trier	50	– 33
Budapest	48	+ 16	Kassel	52	– 22	Triest	46	– 5
Danzig	54	+ 14	Kiel	54	– 19	Ulm	48	– 20
Dortmund	52	– 30	Klagenfurt	46	– 3	Vaduz	48	– 22
Dresden	52	– 5	Köln	50	– 33	Warschau	52	+ 24
Düsseldorf	52	– 33	Königsberg	54	+ 22	Weimar	50	– 15
Emden	54	– 31	Leipzig	52	– 10	Wien	48	+ 6
Erfurt	50	– 16	Linz	48	– 3	Wiesbaden	50	– 27
Essen	52	– 32	London	52	– 60	Würzburg	50	– 20
Frankfurt/M.	50	– 25	Luxemburg	50	– 35	Zagreb	46	+ 4
Frankfurt/O.	52	– 2	Magdeburg	52	– 13	Zürich	48	– 26
Freiburg	48	– 29	Mainz	50	– 27			
Fulda	50	– 21	München	48	– 14			

Sommerzeit

Jahr	Einführungsdatum	Ende der Sommerzeit
1916	30. April	bis 1. Oktober
1917	16. April	bis 17. September
1918	15. April	bis 16. September
1940/42	1. April 1940	bis 2. November 1942
1943	29. März	bis 3. Oktober
1944	3. April	bis 7. Oktober
1945	2. April	bis 6. September
1946	14. April	bis 7. Oktober
1947	6. April	bis 5. Oktober (davon vom 11. Mai bis 29. Juni minus 2 Stunden)
1948	18. April	bis 3. Oktober
1949	10. April	bis 2. Oktober (Ostzone bis 18. November)
1980	6. April	bis 28. September
1981	29. März	bis 27. September
1982	28. März	bis 26. September
1983	27. März	bis 26. September
1984	25. März	bis 30. September
1985	31. März	bis 29. September
1986	30. März	bis 28. September
1987	29. März	bis 27. September
1988	27. März	bis 29. September
1989	26. März	bis 24. September
1990	25. März	bis 30. September
1991	31. März	bis 29. September
1992	29. März	bis 27. September usw.

(**ab 1998** jeweils bis Ende Oktober)

Anm.: Diese Tabelle gibt einen pauschalen Überblick über die Sommerzeiten im deutschsprachigen Raum. Regionale Unterschiede sind hier nicht berücksichtigt.

Mondtabellen

Die folgenden Tabellen erlauben Ihnen, ohne großen Aufwand das Mondzeichen für Ihre Geburt und für ein anderes Ereignis herausfinden. Gehen Sie folgendermaßen vor:

- Ermitteln Sie in *Tabelle A* auf Seite 91 ff. die *Mondzahl A*.
- Stellen Sie dann in *Tabelle B* auf Seite 94 die *Mondzahl B* fest.
- Addieren Sie die Mondzahlen A und B.
- Falls die Summe aus Mondzahl A und Mondzahl B größer ist als 360, ziehen Sie bitte 360 ab.
- Nun haben Sie die gewünschte *Mondzahl* errechnet.
- Wenn Sie die genaue Uhrzeit des Ereignisses kennen, zählen Sie aus *Tabelle C* auf Seite 94 den entsprechenden *Korrekturwert* dazu.
- *In Tabelle D* auf Seite 94 können Sie nun Ihre Mond-Deutungszahl ablesen. Sie sagt Ihnen, in welchem Tierkreiszeichen der Mond bei dem fraglichen Ereignis stand.

Beispiel: *Welches Mondzeichen herrschte am 21. Oktober 1956 um 5.30 Uhr?*

Mondzahl A	151
Mondzahl B	268
Summe aus A + B	419
Zeitangabe Tabelle C	– 6
Gesamtsumme	413
360 abziehen	– 360
Monddeutungszahl	53

Das zugehörige Mondzeichen ist – laut Tabelle D – Stier.

Tabelle A / Mondzahl A, Monat und Jahr des Ereignisses

Jahr	1	2	3	4	5	6	7	8	9	10	11	12
1920	38	91	115	167	202	248	281	326	14	50	104	153
1921	194	241	249	294	325	10	44	94	148	186	237	271
1922	317	1	10	55	91	153	182	234	284	318	3	35
1923	80	128	138	188	227	280	316	1	46	78	123	159
1924	210	263	288	339	13	59	91	137	185	222	270	314
1925	4	51	59	103	129	179	214	265	319	357	48	81
1926	126	172	180	226	262	315	356	46	95	128	172	204
1927	250	299	306	359	38	90	126	172	216	248	294	330
1928	22	76	100	150	184	229	261	307	356	34	87	125
1929	175	221	229	273	304	350	25	76	130	168	218	252
1930	296	341	350	37	74	127	166	218	265	298	342	14
1931	59	109	117	170	208	261	295	341	26	58	105	142
1932	194	248	272	321	355	38	71	117	167	205	258	296
1933	345	31	38	82	114	160	196	248	302	340	29	63
1934	107	152	161	208	245	299	337	29	76	108	152	184
1935	230	280	288	341	20	72	106	151	196	229	277	314
1936	7	60	84	132	165	209	241	287	237	15	69	106
1937	155	200	208	252	285	331	8	60	114	151	200	233
1938	277	322	331	19	56	110	148	199	246	278	321	253
1939	40	90	99	153	191	242	276	322	6	39	88	126
1940	180	232	255	302	335	19	51	97	148	188	240	277
1941	352	10	18	61	95	142	180	232	286	223	10	43
1942	87	133	141	190	227	281	329	9	55	88	131	163
1943	211	262	272	325	3	53	87	132	176	210	260	298
1944	351	43	65	112	145	188	221	268	318	357	50	87
1945	135	180	188	232	266	314	352	45	97	134	381	214
1946	258	303	311	1	38	91	130	156	225	257	301	334
1947	22	73	84	136	175	224	258	302	347	22	71	116
1948	163	215	236	282	314	358	30	77	129	168	221	257
1949	305	350	358	45	76	126	164	216	269	305	351	24
1950	67	114	121	171	209	263	300	350	35	67	111	144
1951	193	245	256	309	347	35	68	112	157	192	243	281
1952	335	25	46	92	124	167	200	248	300	339	31	68
1953	115	159	168	213	247	297	336	30	81	116	161	193

Jahr	1	2	3	4	5	6	7	8	9	10	11	12
1954	237	283	291	241	29	73	111	160	205	237	281	315
1955	5	58	69	121	158	205	238	282	328	357	54	92
1956	145	196	214	262	293	337	11	60	112	151	203	239
1957	285	330	339	24	58	109	148	201	252	287	331	3
1958	47	93	101	142	190	244	281	330	15	47	92	126
1959	157	230	241	293	330	16	48	92	126	173	225	263
1960	316	6	26	71	103	147	181	231	284	323	14	50
1961	95	140	149	194	229	280	319	13	32	97	141	172
1962	216	264	272	323	2	55	92	140	184	217	263	298
1963	349	43	53	105	140	186	218	262	308	343	36	74
1964	126	176	196	241	273	317	353	43	96	135	186	221
1965	246	310	319	5	40	92	130	184	233	267	311	342
1966	27	74	83	135	174	227	263	310	355	28	74	110
1967	161	185	225	276	311	356	28	72	118	157	208	245
1968	297	346	6	51	83	129	164	215	268	307	357	31
1969	76	121	129	175	210	263	302	354	43	76	120	152
1970	197	245	255	307	347	38	74	121	165	198	245	281
1971	334	27	36	87	121	156	197	241	288	324	17	56
1972	107	156	176	221	254	300	335	27	81	119	168	202
1973	246	290	298	345	21	74	114	165	213	246	290	322
1974	7	57	66	120	158	210	245	291	325	8	55	92
1975	145	199	207	257	290	335	7	52	98	137	188	227
1976	278	326	347	32	63	110	147	200	253	291	339	12
1977	56	100	118	155	191	245	283	335	23	56	100	132
1978	178	227	238	292	331	22	56	101	145	178	226	263
1979	317	9	18	67	100	145	176	221	269	307	1	38
1980	23	136	157	201	234	282	319	11	65	102	150	182
1981	226	270	278	325	2	55	94	145	193	226	270	303
1982	349	40	51	104	142	192	226	271	315	348	37	74
1983	127	181	188	237	270	314	346	31	80	118	171	210
1984	260	306	327	12	45	93	130	184	236	273	320	353
1985	36	80	88	136	173	226	266	316	353	36	80	113
1986	161	212	223	276	315	4	37	81	125	159	207	239
1987	296	351	359	46	80	124	156	203	253	291	344	23
1988	71	117	138	182	216	264	301	355	42	84	130	161

Jahr	1	2	3	4	5	6	7	8	9	10	11	12
1989	205	250	258	306	344	38	77	127	173	206	250	284
1990	333	24	34	88	126	174	206	251	295	328	18	56
1991	109	161	168	217	250	294	327	14	64	103	156	194
1992	242	287	307	352	26	75	112	166	219	254	300	331
1993	15	60	66	119	156	210	249	297	344	16	61	95
1994	144	196	207	260	297	344	17	61	105	139	189	226
1995	278	331	340	27	59	105	132	185	236	275	328	6
1996	53	98	118	162	195	245	283	337	29	64	109	141
1997	188	232	241	291	330	23	61	109	154	187	232	267
1998	318	11	20	73	109	155	187	231	276	310	1	40
1999	93	143	152	198	231	275	309	358	50	90	142	178
2000	198	246	269	329	8	67	97	128	180	221	270	305
2001	2	41	60	98	127	184	217	270	311	342	44	67
2002	127	157	176	196	247	307	338	40	84	119	167	196
2003	247	302	307	356	37	97	126	158	205	247	284	328
2004	14	68	89	149	176	229	247	335	337	29	66	117
2005	167	192	217	268	302	338	37	68	124	165	210	247
2006	307	339	345	31	67	124	159	209	252	299	337	6
2007	67	96	125	157	185	247	276	336	37	67	105	147
2008	186	240	270	307	338	37	56	97	157	186	247	276
2009	338	22	34	67	107	157	194	247	307	338	37	67
2010	97	152	167	186	247	276	338	17	67	97	157	185
2011	235	288	298	339	15	62	98	139	198	237	287	314
2012	359	48	69	116	155	206	245	296	342	18	62	99
2013	146	197	209	255	294	342	15	60	111	143	191	230
2014	276	329	336	36	64	109	143	165	229	274	328	4
2015	49	100	118	155	187	232	270	328	12	48	95	130
2016	175	219	244	295	337	25	56	108	155	192	236	266
2017	314	10	18	66	108	155	190	234	278	312	356	45
2018	88	144	152	198	231	275	309	358	46	77	126	171
2019	220	267	278	321	354	42	81	129	185	222	269	302
2020	348	29	51	99	138	190	218	270	321	358	46	72

Hinweis: Wenn Ihr Mond-Zeichen zwischen zwei benachbarten Tierkreiszeichen liegt, gelten die Einflüsse beider Zeichen.

Tabelle B/Mondzahl B, Tag des Ereignisses

Tag	Zahl	Tag	Zahl	Tag	Zahl	Tag	Zahl
1.	0	8.	94	16.	202	24.	309
2.	13	9.	107	17.	215	25.	322
3.	26	10.	121	18.	229	26.	336
4.	40	11.	134	19.	242	27.	349
5.	53	12.	148	20.	256	28.	3
6.	67	13.	161	21.	269	29.	16
7.	80	14.	175	22.	283	30.	30
		15.	188	23.	296	31.	43

Tabelle C/Korrekturwert, Uhrzeit des Ereignisses

0-6 h	6-12 h	12-18 h	18-24 h
– 6	– 3	+ 3	+ 6

Tabelle D/Mond-Deutungszahl

Ihre Mondzahl liegt zwischen:	Sie entspricht dem Mond in:
355 – 4	Fische/Widder
5 – 24	Widder
25 – 34	Widder/Stier
35 – 54	Stier
55 – 64	Stier/Zwillinge
65 – 84	Zwillinge
85 – 94	Zwillinge/Krebs
95 – 114	Krebs
115 – 124	Krebs/Löwe
125 – 144	Löwe
145 – 154	Löwe/Jungfrau
155 – 174	Jungfrau
175 – 184	Jungfrau/Waage
185 – 204	Waage
205 – 214	Waage/Skorpion
215 – 234	Skorpion
235 – 244	Skorpion/Schütze
245 – 264	Schütze
265 – 274	Schütze/Steinbock
275 – 294	Steinbock
295 – 304	Steinbock/Wassermann
305 – 324	Wassermann
325 – 334	Wassermann/Fische
335 – 354	Fische